中国农业统计资料

2010

中华人民共和国农业部 编

中国农业出版社

图书在版编目（CIP）数据

中国农业统计资料．2010/中华人民共和国农业部编．—北京：中国农业出版社，2011.9
ISBN 978－7－109－16111－5

Ⅰ．①中…　Ⅱ．①中…　Ⅲ．①农业统计－统计资料－中国－2010　Ⅳ．①F322－66

中国版本图书馆 CIP 数据核字（2011）第 193751 号

中国农业出版社出版
（北京市朝阳区农展馆北路 2 号）
（邮政编码：100125）
（电子信箱：njcbzx@ agri. org. on）
责任编辑　吴洪钟　梁书生

中国农业出版社印刷厂印刷　　新华书店北京发行所发行
2011 年 9 月第 1 版　2011 年 9 月北京第 1 次印刷

开本：720mm×960mm　1/16　　印张：13. 75
字数：300 千字　　印数：1～2 000 册
定价：50. 00 元

主　　编：陈晓华

副 主 编：张玉香　张合成

编　　委：张兴旺　陈丽水　杨雄年　马淑萍
刘恒新　王宗礼　杨振海　何子阳
王秀忠　赵兴武　贾广东

编辑人员：李韶民　杨　娜　郝先荣　杜建斌
王家忠　辛国昌　王晓红　胡玉玲
李增杰　李春艳　袁晓初　张伟民
李建珠　陈冬冬　邓　飞

编 者 说 明

一、《中国农业统计资料》是一本反映我国农业、农村经济的综合性统计资料工具书。为及时满足社会各界人士了解我国农业和农村经济发展情况的需要，《中国农业统计资料》收录了2010年度全国农村经济主要统计数据和种植业、畜牧业、饲料工业、渔业、乡镇企业、农垦、农机、农村能源、农业自然灾害等资料，同时简要列出2000年以来的历史资料。

二、各类全国性数据未包括香港、澳门特别行政区和台湾省数据。

三、由于小数位调整而产生的数据计算差异未作机械调整。"…"表示数据不足本表最小单位数，"#"表示其中的主要项。

四、农村经济收益分配表中的各项收入，是生产性收入，不包括非生产性收入（如在外人口寄、带回的收入，从国家财政得到的收入，亲友赠送的收入等），与国家统计局的《农民家庭收支抽样调查》的统计口径不同，请注意在具体使用时加以区别。

五、本书是系列图书，每年出版一本，公开发行。

目　录

一、综合

二、种植业

三、畜牧业

四、饲料工业

五、渔业

六、乡镇企业

七、农垦

八、农机

九、农村能源

十、农村经济收益分配

十一、农业自然灾害

一、综　　合

全国农村基层组织和农业基本情况（一）

项目	单位	2000年	2005年	2009年	2010年
农村基层组织					
乡镇个数	个	43 735	35 509	34 170	33 981
镇个数	个	19 692	18 888	19 322	19 410
村委会个数	个	73 715	640 139	599 078	594 658
乡村人口和从业人员					
乡村户数	万户	24 148.5	25 222.4	25 975.7	26 384.6
乡村人口数	万人	92 819.7	94 907.6	96 110.5	96 618.9
乡村从业人员数	万人	47 962.5	50 387.3	52 599.3	53 244.0
按性别分	万人				
男	万人	25 518.1	26 930.9	28 186.3	28 573.6
女	万人	22 444.4	23 456.6	24 413.0	24 670.4
按国民经济行业分	万人				
农业	万人	32 797.6	29 975.8	28 065.3	27 694.8
工业	万人	4 108.7	6 011.4	8 134.7	8 590.0
建筑业	万人	2 691.0	3 653.4	4 688.4	4 953.9
交运仓储及邮电通讯业	万人	1 170.8	1 433.4	1 677.9	1 755.4
批零贸易及餐饮业	万人	1 751.7	2 937.9	3 786.1	4 003.9
其他行业	万人	5 442.0	6 376.2	6 246.9	6 245.9
农民人均纯收入	**元**	**2 253.4**	**3 254.9**	**5 153.2**	**5 919.0**
耕地面积	**千公顷**				**121 716.0**
农作物总播种面积	**千公顷**	**156 423.6**	**155 487.2**	**158 613.5**	**160 674.8**
粮食作物	千公顷	108 462.7	104 278.5	108 985.8	109 876.1
谷物	千公顷	85 264.1	81 874.0	88 401.1	89 850.6
豆类	千公顷	12 660.1	12 901.5	11 948.8	11 275.7
薯类	千公顷	10 538.5	9 503.0	8 635.8	8 749.7
油料作物	千公顷	15 400.4	14 318.0	13 653.9	13 889.6
棉花	千公顷	4 041.2	5 061.9	4 948.7	4 848.7
麻类	千公顷	261.9	334.9	159.7	132.7
糖类	千公顷	1 514.3	1 564.5	1 883.8	1 905.0

注：耕地面积为2008年数据，来源于国土资源部。

全国农村基层组织和农业基本情况（二）

项　目	单　位	2000 年	2005 年	2009 年	2010 年
烟叶	千公顷	1 437.4	1 363.2	1 391.5	1 344.6
药材	千公顷	675.6	1 213.3	1 181.3	1 242.0
蔬菜	千公顷	15 236.5	17 720.7	18 389.8	18 999.9
瓜类	千公顷	2 044.7	2 207.8	2 333.2	2 389.4
其他作物	千公顷	7 349.1	7 424.4	5 685.9	6 046.8
茶园面积	**千公顷**	**1 089.1**	**1 352.1**	**1 848.5**	**1 970.2**
果园面积	**千公顷**	**8 931.8**	**10 035.2**	**11 139.5**	**11 543.9**
受灾面积	**千公顷**	**54 547**	**38 818.1**	**47 213.7**	**37 425.9**
成灾面积	**千公顷**	**34 298**	**19 966.1**	**21 234.3**	**18 538.1**
绝收面积	**千公顷**	**10 137**	**4 597.4**	**4 917.5**	**4 863.2**
农林牧渔业总产值	**亿元**	**24 915.8**	**39 450.9**	**60 361.0**	**69 319.8**
农业	亿元	13 873.6	19 613.4	30 777.5	36 941.1
林业	亿元	936.5	1 425.5	2 193.0	2 595.5
牧业	亿元	7 393.1	13 310.8	19 468.4	20 825.7
渔业	亿元	2 712.6	4 016.1	5 626.4	6 422.4
农林牧渔业增加值	**亿元**	**14 628.2**	**23 070.4**	**35 225.9**	**40 533.6**
农业	亿元	8 703.6	12 758.5	19 873.4	23 684.5
林业	亿元	662.3	975.5	1 474.4	1 744.2
牧业	亿元	3 638.5	6 506.9	9 382.2	10 022.1
渔业	亿元	1 623.8	2 327.2	3 424.1	3 903.8
主要农作物产量					
粮食作物	万吨	46 217.5	48 402.4	53 082.1	54 647.7
谷物	万吨	40 522.3	42 776.5	48 156.3	49 637.1
豆类	万吨	2 009.9	2 157.9	1 930.3	1 896.5
薯类（折粮）	万吨	3 685.4	3 468.0	2 995.5	3 114.1
油料	万吨	2 954.8	3 077.1	3 154.3	3 230.1
棉花	万吨	441.7	571.4	637.7	596.1
麻类	万吨	52.9	110.5	38.8	31.7
糖类	万吨	7 635.3	9 451.9	12 276.6	12 008.5
茶叶	万吨	68.3	93.5	135.9	147.5

注：2010 年农林牧渔业总产值和增加值来源于国家统计局《中国统计摘要 2011》和《农业统计年报 2010》。

全国农村基层组织和农业基本情况（三）

项　　目	单　位	2000 年	2005 年	2009 年	2010 年
水果	万吨	6 225. 1	8 835. 5	12 246. 4	12 865. 2
烟叶	万吨	255. 2	268. 3	306. 6	300. 4
蔬菜	万吨	42 399. 7	56 451. 5	61 823. 8	65 099. 4
瓜类	万吨	5 887. 9	7 284. 6	8 149. 1	8 536. 2
畜产品产量					
肉类产量	万吨	6 125. 4	7 743. 1	7 649. 9	7 925. 8
猪肉	万吨	4 031. 4	5 010. 6	4 889. 0	5 071. 2
牛肉	万吨	532. 8	711. 5	636. 0	653. 1
羊肉	万吨	274. 0	435. 5	389. 0	398. 9
禽肉	万吨	1 207. 5	1 464. 3	1 594. 9	1 656. 1
奶类	万吨	919. 1	2 864. 8	3 734. 6	3 748. 0
牛奶	万吨	827. 4	2 753. 4	3 518. 8	3 575. 6
蜂蜜	万吨	24. 6	29. 3	40. 2	40. 1
禽蛋	万吨	2 243. 3	2 879. 5	2 740. 6	2 762. 7
山羊毛	万吨	3. 3	3. 7	4. 9	4. 3
绵羊毛	万吨	29. 3	39. 3	36. 4	38. 7
蚕茧	万吨	54. 8	78. 0	83. 2	87. 3
水产品产量	**万吨**	**4 279. 0**	**5 101. 7**	**5 116. 4**	**5 373. 0**
海水产品	万吨	2 538. 7	2 838. 1	2 681. 6	2 797. 5
鱼类	万吨	1 032. 7	1 038. 8	880. 8	906. 3
甲壳类	万吨	297. 0	324. 1	303. 6	310. 4
贝类	万吨	1 038. 9	1 156. 1	1 120. 0	1 170. 4
藻类	万吨	122. 2	154. 2	148. 4	156. 6
头足类	万吨		103. 0	64. 3	65. 8
其他类	万吨	47. 9	62. 0	66. 7	76. 3
内陆水产品	万吨	1 740. 3	2 263. 6	2 434. 8	2 575. 5
鱼类	万吨	1 578. 7	2 009. 4	2 109. 9	2 225. 6
甲壳类	万吨	86. 0	163. 8	228. 8	248. 1
贝类	万吨	48. 0	54. 0	52. 0	53. 8
藻类	万吨		0. 6	0. 8	1. 0
其他类	万吨	27. 6	35. 9	43. 4	46. 9

注：水果指园林水果。

全国农村基础设施和农业主要物资消耗

项　目	单　位	2000 年	2005 年	2009 年	2010 年
农村基础设施					
自来水受益村数	个		356 953	415 559	424 996
通汽车村数	个		617 609	602 442	597 191
通电话村数	个		606 549	602 106	595 858
乡村办水电站数	个	29 962	26 726	44 804	44 815
装机容量	万千瓦	698.5	1 099.5	5 512.1	5 924.0
发电量	亿千瓦时	205.0	348.4	1 567.2	2 044.4
农业机械拥有量					
农业机械总动力	万千瓦	52 316.8	68 549.3	87 496.1	92 780.5
大中型拖拉机	万台	97.0	139.6	350.5	392.2
大中型拖拉机动力	万千瓦	3 143.2	4 315.7	9 772.6	11 167.0
小型拖拉机	万台	1 276.7	1 539.8	1 750.9	1 785.8
小型拖拉机动力	万千瓦	11 783.9	14 796.2	16 922.7	17 278.4
大中型拖拉机配套农具	万部	139.9	226.7	542.1	612.9
小型拖拉机配套农具	万部	1 797.8	2 479.7	2 880.6	2 992.5
农用排灌动力机械	万台	1 483.4	1 752.7	2 085.7	2 159.3
农用排灌机械动力	万千瓦	10 262.1	11 770.9	13 536.3	14 026.3
联合收获机数量	万台	26.5	47.7	85.8	99.2
农用运输车数量	万台	779.5	1 199.4	1 345.0	1 361.4
农业主要能源及物资消耗					
农村用电量	亿千瓦时	2 421.3	4 375.7	6 104.4	6 632.3
农用柴油使用量	万吨	1 405.0	1 902.8	1 959.9	2 023.1
农用塑料薄膜使用量	万吨	133.5	176.2	208.0	217.3
地膜使用量	万吨	72.2	95.9	112.8	118.4
地膜覆盖面积	千公顷	10 624.8	13 518.4	15 501.1	15 595.6
农药使用量	万吨	128.0	146.0	170.9	175.0
农用化肥施用量（按折纯法计算）	万吨	4 146.3	4 766.2	5 404.4	5 561.7
氮肥	万吨	2 161.6	2 229.7	2 329.9	2 353.7
磷肥	万吨	690.5	743.8	797.7	805.6
钾肥	万吨	376.6	489.8	564.3	586.4
复合肥	万吨	917.7	1 303.6	1 698.7	1 798.5
农田水利建设					
有效灌溉面积	千公顷	53 820.5	55 029.4	59 261.4	60 377.9
旱涝保收面积	千公顷	38 336.4	40 236.7	42 358.2	42 894.8
机电排灌面积	千公顷	35 954.3	36 715.6	40 016.3	40 760.2

注：2008 年起乡村办水电站统计口径变更为农村水电。农村水电指装机容量 5 万千瓦及以下水电站和配套电网。

农业经济在国民经济中的地位（一）

单位：%

年份	农村劳动力占全社会劳动力比重	第一产业从业人员占社会从业人员的比重	农村非农产业劳动力占全社会劳动力比重	第一产业增加值占国内生产总值的比重
1978	70.5	70.5	7.1	28.1
1980	68.7	68.7	7.2	30.1
1985	62.4	62.4	14.0	28.4
1990	75.8	60.1	15.7	27.1
1991	75.3	59.7	15.6	24.5
1992	75.3	58.5	16.8	21.8
1993	74.9	56.4	18.5	19.7
1994	73.8	54.3	19.5	19.8
1995	70.6	52.2	18.4	19.9
1996	69.4	50.5	18.9	19.7
1997	69.3	49.9	19.4	18.3
1998	69.5	49.8	19.7	17.6
1999	69.9	50.1	19.8	16.5
2000	71.3	50.0	21.3	15.1
2001	71.6	50.0	21.6	14.4
2002	72.4	50.0	22.4	13.7
2003	72.9	49.1	23.8	12.8
2004	72.3	46.9	25.4	13.4
2005	71.6	44.7	26.9	12.1
2006	62.9	42.6	32.2	11.1
2007	61.9	40.8	32.4	10.8
2008	61.0	39.6	30.5	10.7
2009	60.1	38.1	31.5	10.3
2010				10.2

注：1. 国内生产总值根据经济普查数据进行了调整。

2. 农村各项劳动力占全社会劳动力比重计算口径从2006年起有所变化。

农业经济在国民经济中的地位（二）

单位:%

年 份	农村消费品零售额占全社会消费品零售额的比重	农林水事务支出占国家财政支出的比重	农产品进口额占进口总额的比重	农产品出口额占出口总额的比重
1978	67.6	13.4		
1980	65.7	12.2		
1985	56.5	7.7	12.1	24.5
1990	53.1	10.0	16.1	17.2
1991	51.9	10.3	13.7	15.8
1992	50.2	10.1	12.0	14.5
1993	42.0	9.5	8.1	13.7
1994	40.6	9.2	10.8	12.9
1995	40.0	8.4	9.3	9.9
1996	39.6	8.8	7.1	8.4
1997	39.0	8.3	7.0	8.2
1998	38.9	10.7	7.0	7.5
1999	38.7	8.2	5.0	6.9
2000	38.2	7.8	5.0	6.3
2001	37.4	7.7	4.9	6.0
2002	35.8	7.2	4.2	5.6
2003	35.0	7.1	4.6	4.9
2004	34.1	9.7	5.0	3.9
2005	32.8	7.2	4.4	3.6
2006	32.5	7.9	4.1	3.2
2007	32.3	6.8	4.3	3.0
2008	32.0	7.3	5.2	2.8
2009	32.1	8.8	5.2	3.3
2010		9.0	5.2	3.1

注：农林水事务支出 2006 年以前年份为“农业支出”。

各地区农民人均纯收入

单位：元

地　　区	人均纯收入					2010年比2009年增加
	2000年	2005年	2007年	2009年	2010年	
全国人均	**2 253.4**	**3 254.9**	**4 140.4**	**5 153.2**	**5 919.0**	**765.8**
北　　京	4 604.6	7 346.3	9 439.6	11 668.6	13 262.3	1 593.7
天　　津	3 622.4	5 579.9	7 010.1	8 687.6	10 074.9	1 387.3
河　　北	2 478.9	3 481.6	4 293.4	5 149.7	5 958.0	808.3
山　　西	1 905.6	2 890.7	3 665.7	4 244.1	4 736.3	492.2
内 蒙 古	2 038.2	2 988.9	3 953.1	4 937.8	5 529.6	591.8
辽　　宁	2 355.6	3 690.2	4 773.4	5 958.0	6 907.9	949.9
吉　　林	2 022.5	3 264.0	4 191.3	5 265.9	6 237.4	971.5
黑 龙 江	2 148.2	3 221.3	4 132.3	5 206.8	6 210.7	1 003.9
上　　海	5 596.4	8 247.8	10 144.6	12 482.9	13 978.0	1 495.1
江　　苏	3 595.1	5 276.3	6 561.0	8 003.5	9 118.2	1 114.7
浙　　江	4 253.7	6 660.0	8 265.2	10 007.3	11 302.6	1 295.3
安　　徽	1 934.6	2 641.0	3 556.3	4 504.3	5 285.2	780.9
福　　建	3 230.5	4 450.4	5 467.1	6 680.2	7 426.9	746.7
江　　西	2 135.3	3 128.9	4 044.7	5 075.0	5 788.6	713.6
山　　东	2 659.2	3 930.5	4 985.3	6 118.8	6 990.3	871.5
河　　南	1 985.8	2 870.6	3 851.6	4 807.0	5 523.7	716.7
湖　　北	2 268.6	3 099.2	3 997.5	5 035.3	5 832.3	797.0
湖　　南	2 197.2	3 117.7	3 904.2	4 909.0	5 622.0	713.0
广　　东	3 654.5	4 690.5	5 624.0	6 906.9	7 890.3	983.4
广　　西	1 864.5	2 494.7	3 224.1	3 980.4	4 543.4	563.0
海　　南	2 182.3	3 004.0	3 791.4	4 744.4	5 275.4	531.0
重　　庆	1 892.4	2 809.3	3 509.3	4 478.4	5 276.7	798.3
四　　川	1 903.6	2 802.8	3 546.7	4 462.1	5 086.9	624.8
贵　　州	1 374.2	1 877.0	2 374.0	3 005.4	3 471.9	466.5
云　　南	1 478.6	2 041.8	2 634.1	3 369.3	3 952.0	582.7
西　　藏	1 330.8	2 077.9	2 788.2	3 531.7	4 138.7	607.0
陕　　西	1 443.9	2 052.6	2 644.7	3 437.6	4 105.0	667.4
甘　　肃	1 428.7	1 979.9	2 328.9	2 980.1	3 424.7	444.6
青　　海	1 490.5	2 151.5	2 683.8	3 346.2	3 862.7	516.5
宁　　夏	1 724.3	2 508.9	3 180.8	4 048.3	4 674.9	626.6
新　　疆	1 618.1	2 482.2	3 183.0	3 883.1	4 642.7	759.6

各地区农林牧渔业总产值及增长速度

（2010）

单位：亿元

地　区	农林牧渔业总产值	农　业	林　业	牧　业	渔　业	比上年增长（%）
全国总计	**69 319.8**	**36 941.1**	**2 595.5**	**20 825.7**	**6 422.4**	**4.4**
北　京	328.0	154.2	16.8	139.6	11.5	-1.7
天　津	317.3	168.3	2.4	87.5	50.3	3.5
河　北	4 309.4	2 470.1	51.3	1 443.8	142.5	3.5
山　西	1 047.8	669.0	65.0	250.8	6.1	6.2
内蒙古	1 843.6	900.4	76.6	822.4	15.9	6.2
辽　宁	3 106.5	1 140.3	82.5	1 270.6	491.0	5.8
吉　林	1 850.3	866.9	68.3	831.5	25.3	3.6
黑龙江	2 536.3	1 369.2	95.5	965.8	53.7	5.8
上　海	287.0	155.3	7.5	62.9	52.6	-5.1
江　苏	4 297.1	2 269.6	78.1	923.3	805.2	4.4
浙　江	2 172.9	1 041.3	119.4	448.4	522.2	2.9
安　徽	2 955.4	1 544.4	135.3	865.0	294.8	4.5
福　建	2 307.1	976.6	189.4	380.3	674.2	3.5
江　西	1 900.6	801.4	186.8	584.1	255.6	4.0
山　东	6 650.9	3 670.1	86.5	1 774.5	847.4	3.6
河　南	5 734.2	3 540.8	115.3	1 805.9	71.2	4.6
湖　北	3 502.0	1 921.7	65.4	925.0	458.6	4.5
湖　南	3 787.5	2 059.6	207.4	1 118.2	232.7	4.3
广　东	3 754.9	1 760.2	176.3	947.2	741.4	4.3
广　西	2 721.0	1 339.6	173.5	870.7	247.2	4.7
海　南	821.3	341.7	123.8	158.6	173.5	6.1
重　庆	1 021.1	623.3	30.4	326.6	27.2	5.9
四　川	4 081.8	2 069.3	112.9	1 705.2	129.8	4.5
贵　州	997.8	587.3	41.0	304.2	13.8	5.2
云　南	1 810.5	925.6	184.2	588.8	48.1	4.7
西　藏	100.8	46.1	2.5	48.9	0.2	3.5
陕　西	1 666.1	1 107.2	35.2	435.0	8.3	5.8
甘　肃	1 057.0	757.6	18.5	181.8	1.2	5.7
青　海	201.3	92.1	3.8	101.5	0.1	6.7
宁　夏	305.9	195.1	8.7	82.1	8.0	7.8
新　疆	1 846.2	1 376.9	35.3	375.8	12.7	4.9

各地区粮、棉、油、糖播种面积占全国比重及位次

单位:%

地区	粮食		棉花		油料		糖料	
	比重	位次	比重	位次	比重	位次	比重	位次
全国总计	**100.00**		**100.00**		**100.00**		**100.00**	
北京	0.20	29	0.01	22	0.04	30		
天津	0.28	27	1.07	11	0.02	31		
河北	5.72	6	11.99	3	3.34	11	0.74	10
山西	2.95	14	1.21	10	1.13	24	0.26	18
内蒙古	5.00	7	0.02	20	4.99	8	1.93	7
辽宁	2.89	15	0.01	21	2.50	12	0.06	23
吉林	4.09	10	0.07	16	2.18	16	0.17	20
黑龙江	10.43	1			1.20	23	4.09	4
上海	0.16	30	0.05	17	0.07	29	0.02	24
江苏	4.81	8	4.86	7	4.14	9	0.09	22
浙江	1.16	23	0.43	14	1.50	20	0.63	13
安徽	6.02	4	7.10	6	6.80	5	0.30	16
福建	1.12	24	…	25	0.80	25	0.52	14
江西	3.31	13	1.64	9	5.27	7	0.71	12
山东	6.45	3	15.81	2	5.87	6		
河南	8.86	2	9.64	5	11.26	1	0.21	19
湖北	3.70	12	9.90	4	10.43	2	0.42	15
湖南	4.38	9	3.61	8	8.72	4	0.80	9
广东	2.30	20			2.43	14	8.13	3
广西	2.79	17	0.05	18	1.39	21	56.13	1
海南	0.40	26			0.29	27	3.15	6
重庆	2.04	21	…	24	1.84	19	0.16	21
四川	5.83	5	0.33	15	8.78	3	1.03	8
贵州	2.77	18	0.03	19	3.81	10	0.72	11
云南	3.89	11	0.01	23	2.40	15	15.49	2
西藏	0.15	31			0.17	28		
陕西	2.88	16	1.05	12	2.17	17	…	25
甘肃	2.55	19	0.99	13	2.49	13	0.27	17
青海	0.25	28			1.28	22		
宁夏	0.77	25			0.71	26		
新疆	1.85	22	30.12	1	1.97	18	3.95	5

各地区粮、棉、油、糖产量占全国比重及位次

单位:%

地　区	粮　食		棉　花		油　料		糖　料		每公顷产量位次			
	比重	位次	比重	位次	比重	位次	比重	位次	粮食	棉花	油料	糖料
全国总计	**100.00**		**100.00**		**100.00**		**100.00**					
北　京	0.21	29	0.01	22	0.05	30			15	14	5	
天　津	0.29	27	1.05	13	0.02	31			17	12	4	
河　北	5.45	7	9.55	3	4.34	8	0.41	14	19	17	3	22
山　西	1.99	21	1.16	11	0.54	26	0.19	17	31	13	30	13
内蒙古	3.95	11	0.02	19	3.97	9	1.34	7	25	10	24	15
辽　宁	3.23	13	0.01	21	3.08	11	0.04	23	10	5	6	14
吉　林	5.20	9	0.09	16	2.18	13	0.06	22	2	4	15	24
黑龙江	9.17	2			0.85	23	1.46	6	22		26	25
上　海	0.22	28	0.06	17	0.07	29	0.02	24	1	6	16	2
江　苏	5.92	4	4.38	7	4.70	7	0.09	21	3	15	7	10
浙　江	1.41	23	0.49	14	1.22	20	0.62	10	5	7	21	8
安　徽	5.64	6	5.30	6	7.05	5	0.19	18	20	21	11	19
福　建	1.21	24	…	25	0.82	24	0.51	11	12	25	12	7
江　西	3.58	12	2.19	9	3.33	10	0.49	12	11	2	28	17
山　东	7.93	3	12.15	2	10.59	2			4	19	1	
河　南	9.95	1	7.50	5	16.74	1	0.22	16	9	18	2	3
湖　北	4.24	10	7.91	4	9.65	3	0.27	15	8	16	18	18
湖　南	5.21	8	3.81	8	6.05	6	0.64	9	6	9	27	11
广　东	2.41	16			2.73	12	10.83	3	14		8	1
广　西	2.58	15	0.03	18	1.42	18	59.29	1	21	20	13	4
海　南	0.33	26			0.29	27	3.21	5	24		14	6
重　庆	2.12	19	…	24	1.38	19	0.10	20	16	24	25	21
四　川	5.90	5	0.24	15	8.31	4	0.78	8	18	22	17	12
贵　州	2.04	20	0.02	20	1.87	16	0.44	13	28	23	29	20
云　南	2.80	14	0.01	23	1.06	22	14.58	2	29	11	31	9
西　藏	0.17	31			0.18	28			13		9	
陕　西	2.13	18	1.16	12	1.74	17	…	25	27	8	22	23
甘　肃	1.75	22	1.27	10	1.98	15	0.18	19	30	3	23	16
青　海	0.19	30			1.06	21	…	26	26		20	
宁　夏	0.65	25			0.65	25	…	27	23		19	
新　疆	2.14	17	41.59	1	2.06	14	4.06	4	7	1	10	5

各地区肉、蛋、奶、水产品产量占全国比重及位次

单位：%

地区	肉		蛋		奶		水产品	
	比重	位次	比重	位次	比重	位次	比重	位次
全国总计	**100.00**		**100.00**		**100.00**		**100.00**	
北　京	0.58	26	0.55	24	1.71	13	0.12	26
天　津	0.54	27	0.68	23	1.85	12	0.64	17
河　北	5.26	6	12.27	3	11.98	3	1.98	13
山　西	0.91	24	2.55	12	2.00	10	0.06	28
内蒙古	3.01	15	1.81	13	25.23	1	0.21	22
辽　宁	5.13	7	9.98	4	3.38	8	8.01	6
吉　林	3.01	14	3.46	10	1.19	16	0.31	21
黑龙江	2.50	16	3.81	9	14.91	2	0.74	16
上　海	0.33	29	0.23	28	0.66	21	0.54	19
江　苏	4.62	11	6.90	5	1.53	14	8.57	5
浙　江	2.21	20	1.60	15	0.54	23	8.90	4
安　徽	4.76	10	4.31	8	0.55	22	3.60	11
福　建	2.27	18	0.95	19	0.42	24	10.92	3
江　西	3.66	13	1.52	16	0.32	26	4.01	9
山　东	8.89	1	13.91	2	7.25	5	14.59	1
河　南	8.05	3	14.07	1	8.21	4	1.08	15
湖　北	4.79	9	4.80	7	0.81	18	6.57	7
湖　南	6.24	4	3.32	11	0.21	29	3.69	10
广　东	5.57	5	1.25	18	0.39	25	13.57	2
广　西	4.89	8	0.72	22	0.22	27	5.13	8
海　南	0.86	25	0.13	29	0.01	31	2.78	12
重　庆	2.43	17	1.35	17	0.21	28	0.42	20
四　川	8.28	2	5.23	6	1.88	11	1.96	14
贵　州	2.26	19	0.45	26	0.12	30	0.16	25
云　南	4.05	12	0.75	21	1.44	15	0.55	18
西　藏	0.32	31	0.01	31	0.78	19	…	31
陕　西	1.29	22	1.70	14	4.74	6	0.11	27
甘　肃	1.06	23	0.50	25	0.97	17	0.02	29
青　海	0.36	28	0.06	30	0.70	20	…	30
宁　夏	0.32	30	0.26	27	2.26	9	0.17	24
新　疆	1.54	21	0.88	20	3.54	7	0.19	23

各地区人均主要农产品占有量

单位：千克

地区	粮食	棉花	油料	糖料	肉	蛋	奶	水产品
全国人均	**408.7**	**4.5**	**24.2**	**89.8**	**59.3**	**20.7**	**28.0**	**40.2**
北京	62.3	…	0.8		24.9	8.1	39.1	3.4
天津	126.7	5.0	0.5		33.8	14.9	57.1	27.4
河北	418.6	8.0	19.7	6.9	58.6	47.7	65.8	15.0
山西	310.1	2.0	5.0	6.5	20.7	20.1	21.7	0.9
内蒙古	882.2	0.1	52.4	65.8	97.6	20.4	386.3	4.7
辽宁	406.1	…	22.9	1.1	93.6	63.4	26.8	99.0
吉林	1 036.3	0.2	25.7	2.8	87.1	34.9	16.3	6.1
黑龙江	1 309.3		7.2	45.7	51.7	27.5	139.8	10.4
上海	56.1	0.2	1.1	1.3	12.4	3.0	12.2	13.7
江苏	415.0	3.4	19.5	1.3	46.9	24.4	7.2	59.1
浙江	145.0	0.6	7.4	14.0	33.0	8.3	3.9	90.0
安徽	510.0	5.2	37.7	3.7	62.4	19.7	3.3	32.0
福建	180.9		7.3	16.8	49.3	7.2	4.3	160.5
江西	439.8	2.9	24.2	13.3	65.2	9.4	2.5	48.5
山东	455.2	7.6	35.9		74.0	40.3	27.3	82.3
河南	575.7	4.7	57.3	2.8	67.6	41.1	31.9	6.1
湖北	404.7	8.3	54.5	5.7	66.3	23.2	5.0	61.7
湖南	438.9	3.5	30.1	11.8	76.3	14.1	1.2	30.5
广东	131.2		8.8	129.6	44.0	3.4	1.5	72.7
广西	298.6	…	9.7	1 505.4	82.0	4.2	1.7	58.3
海南	208.4		11.0	445.2	79.1	4.0	0.4	172.7
重庆	402.6	…	15.5	4.1	67.0	13.0	2.8	7.8
四川	397.2	0.2	33.1	11.5	80.9	17.8	8.4	12.9
贵州	305.9	…	16.6	14.4	49.2	3.4	1.2	2.4
云南	334.0	…	7.5	382.0	70.1	4.5	23.2	6.5
西藏	309.0		19.9		84.7	1.0	99.6	0.2
陕西	310.4	1.9	14.9	0.1	27.2	12.5	49.3	1.6
甘肃	369.1	2.9	24.7	8.5	32.5	5.3	14.3	0.5
青海	182.2		61.4	0.1	50.5	2.8	45.6	0.3
宁夏	568.0		33.2	0.1	41.0	11.4	130.6	14.3
新疆	539.5	114.2	30.7	224.4	56.1	11.2	58.4	4.7

二、种 植 业

全国主要农作物播种面积和产量增减情况（一）

指　　标	播种面积（千公顷）	总产量（万吨）	每公顷产　量（千克）	比上年增减绝对量		
				播种面积（千公顷）	总产量（万吨）	每公顷产　量（千克）
农作物播种面积	**160 674. 8**			**2 061. 3**		
粮食作物	**109 876. 1**	**54 647. 7**	**4 974**	**890. 3**	**1 565. 6**	**103**
夏收粮食	27 440. 3	12 315. 0	4 488	58. 1	－33. 5	－22
秋收粮食	76 640. 0	39 199. 0	5 115	906. 5	1 800. 9	177
谷物	89 850. 6	49 637. 1	5 524	1 449. 5	1 480. 8	77
稻谷	29 873. 4	19 576. 1	6 553	246. 4	65. 8	－32
早稻	5 795. 8	3 133. 7	5 407	－74. 2	－201. 8	－275
中稻和一季晚稻	17 851. 8	12 914. 2	7 234	324. 6	253. 6	11
双季晚稻	6 225. 7	3 528. 3	5 667	－3. 9	14. 0	26
小麦	24 256. 5	11 518. 1	4 748	－34. 2	6. 6	9
冬小麦	22 551. 5	10 886. 3	4 827	129. 1	89. 0	12
春小麦	1 705. 0	631. 8	3 705	－163. 3	－82. 4	－118
玉米	32 500. 1	17 724. 5	5 454	1 317. 5	1 327. 2	195
谷子	808. 7	157. 3	1 946	20. 7	34. 8	391
高粱	547. 7	245. 6	4 485	－11. 7	78. 0	1 488
其他谷物	1 864. 3	415. 4	2 228	－89. 2	－31. 6	－60
大麦	579. 7	197. 2	3 402	－46. 7	－34. 6	－299
豆类	11 275. 7	1 896. 5	1 682	－673. 1	－33. 8	66
大豆	8 515. 8	1 508. 3	1 771	－674. 0	10. 2	141
绿豆	742. 2	95. 4	1 286	48. 9	18. 5	176
红小豆	161. 6	25. 0	1 549	7. 4	2. 7	99
薯类（折粮）	8 749. 7	3 114. 1	3 559	113. 9	118. 6	90
马铃薯	5 205. 1	1 630. 7	3 133	124. 2	166. 1	250

注：2010 年数据来源于国家统计局《中国统计摘要 2011》、《农业统计年报 2010》，并根据其内容调整了 2009 年相关数据。

全国主要农作物播种面积和产量增减情况（二）

指　　标	播种面积（千公顷）	总产量（万吨）	每公顷产　量（千克）	比上年增减绝对量		
				播种面积（千公顷）	总产量（万吨）	每公顷产　量（千克）
油料作物	13 889.6	3 230.1	2 326	235.7	75.8	15
花生	4 527.3	1 564.4	3 455	150.8	93.6	95
油菜籽	7 369.7	1 308.2	1 775	91.7	-57.5	-101
芝麻	447.1	58.7	1 312	-28.8	-3.5	5
胡麻籽	324.4	35.3	1 088	-15.2	3.5	151
向日葵	984.0	229.8	2 335	25.0	34.2	295
棉花	**4 848.7**	**596.1**	**1 229**	**-100.0**	**-41.6**	**-58**
麻类	**132.7**	**31.7**	**2 393**	**-27.0**	**-7.2**	**-36**
黄红麻	18.8	6.9	3 686	-5.2	-0.7	547
苎麻	97.6	18.9	1 939	-12.2	-2.2	12
大麻（线麻）	5.1	1.1	2 125	-0.8	-0.1	39
亚麻	8.7	4.5	5 148	-9.1	-4.1	322
糖料	**1 905.0**	**12 008.5**	**63 036**	**21.2**	**-268.1**	**-2 134**
甘蔗	1 686.3	11 078.9	65 700	-11.2	-479.8	-2 393
甜菜	218.7	929.6	42 498	32.4	211.7	3 962
烟叶	**1 344.6**	**300.4**	**2 234**	**-46.9**	**-6.2**	**31**
烤烟	1 230.8	273.1	2 219	-34.3	-8.3	-5
药材类	**1 242.0**			**60.7**		
蔬菜瓜果类	**21 389.3**	**73 635.6**	**34 426**	**666.3**	**3 662.7**	**702**
蔬菜类（含菜用瓜）	18 999.9	65 099.4	34 263	610.1	3 275.6	645
瓜果类（含果用瓜）	2 389.4	8 536.2	35 726	56.2	387.1	798
西瓜	1 812.5	6 818.1	37 617	48.7	339.6	888
甜瓜	393.3	1 226.7	31 194	3.5	11.4	10
草莓	91.2	233.0	25 545	1.1	12.4	1 064
其他农作物	**6 046.8**			**360.9**		
青饲料	1 882.3			-186.6		

各地区农作物总播种面积增减情况

单位：千公顷

地 区	2010 年	2009 年	2010 年比 2009 年增减	
			绝对量	%
全国总计	**160 674.8**	**158 613.5**	**2 061.3**	**1.30**
北 京	317.3	320.1	-2.9	-0.89
天 津	459.3	455.2	4.1	0.89
河 北	8 718.4	8 682.5	35.9	0.41
山 西	3 763.9	3 692.1	71.8	1.94
内 蒙 古	7 002.5	6 927.8	74.7	1.08
辽 宁	4 073.8	3 919.1	154.7	3.95
吉 林	5 221.4	5 077.5	143.9	2.83
黑 龙 江	12 156.2	12 129.2	27.1	0.22
上 海	401.2	396.1	5.2	1.31
江 苏	7 619.6	7 558.2	61.4	0.81
浙 江	2 484.7	2 504.8	-20.1	-0.80
安 徽	9 053.4	9 036.2	17.2	0.19
福 建	2 270.8	2 258.0	12.7	0.56
江 西	5 457.7	5 376.4	81.3	1.51
山 东	10 818.2	10 778.4	39.8	0.37
河 南	14 248.7	14 181.4	67.3	0.47
湖 北	7 997.6	7 527.5	470.1	6.24
湖 南	8 216.1	8 019.3	196.8	2.45
广 东	4 524.5	4 476.0	48.5	1.08
广 西	5 896.9	5 826.5	70.4	1.21
海 南	833.7	829.4	4.3	0.52
重 庆	3 359.4	3 308.3	51.1	1.54
四 川	9 478.8	9 476.6	2.2	0.02
贵 州	4 889.1	4 780.7	108.4	2.27
云 南	6 437.3	6 343.9	93.5	1.47
西 藏	240.2	235.1	5.1	2.18
陕 西	4 185.6	4 154.1	31.5	0.76
甘 肃	3 995.2	3 938.6	56.5	1.44
青 海	546.9	514.1	32.9	6.40
宁 夏	1 247.9	1 226.7	21.2	1.73
新 疆	4 758.6	4 663.8	94.8	2.03

各地区粮食作物播种面积和产量

地　区	播种面积（千公顷）	总产量（万吨）	每公顷产量（千克）	比上年增减		
				播种面积（千公顷）	总产量	
					绝对量（万吨）	%
全国总计	**109 876. 1**	**54 647. 7**	**4 974**	**890. 3**	**1 565. 6**	**2. 95**
北　京	223. 5	115. 7	5 177	-2. 8	-9. 1	-7. 29
天　津	311. 8	159. 7	5 123	5. 1	3. 5	2. 21
河　北	6 282. 2	2 975. 9	4 737	65. 7	65. 7	2. 26
山　西	3 239. 2	1 085. 1	3 350	92. 6	143. 1	15. 19
内蒙古	5 498. 7	2 158. 2	3 925	74. 7	176. 5	8. 91
辽　宁	3 179. 3	1 765. 4	5 553	55. 2	174. 4	10. 96
吉　林	4 492. 2	2 842. 5	6 328	64. 5	382. 5	15. 55
黑龙江	11 454. 7	5 012. 8	4 376	63. 7	659. 8	15. 16
上　海	179. 2	118. 4	6 608	-14. 1	-3. 3	-2. 70
江　苏	5 282. 4	3 235. 1	6 124	10. 3	5. 0	0. 15
浙　江	1 275. 8	770. 7	6 041	-14. 3	-18. 5	-2. 34
安　徽	6 616. 4	3 080. 5	4 656	10. 8	10. 6	0. 35
福　建	1 232. 3	661. 9	5 371	1. 3	-5. 0	-0. 75
江　西	3 639. 1	1 954. 7	5 371	34. 5	-47. 9	-2. 39
山　东	7 084. 8	4 335. 7	6 120	54. 7	19. 4	0. 45
河　南	9 740. 2	5 437. 1	5 582	56. 6	48. 1	0. 89
湖　北	4 068. 4	2 315. 8	5 692	55. 8	6. 7	0. 29
湖　南	4 809. 1	2 847. 5	5 921	10. 0	-55. 2	-1. 90
广　东	2 531. 9	1 316. 5	5 200	-6. 6	2. 0	0. 15
广　西	3 061. 1	1 412. 3	4 614	-6. 4	-50. 9	-3. 48
海　南	437. 2	180. 4	4 126	6. 8	-7. 2	-3. 85
重　庆	2 243. 9	1 156. 1	5 152	14. 4	18. 9	1. 66
四　川	6 402. 0	3 222. 9	5 034	-17. 4	28. 3	0. 89
贵　州	3 039. 5	1 112. 3	3 659	65. 1	-56. 0	-4. 79
云　南	4 274. 4	1 531. 0	3 582	74. 3	-45. 9	-2. 91
西　藏	170. 2	91. 2	5 360	0. 7	0. 7	0. 74
陕　西	3 159. 7	1 164. 9	3 687	25. 7	33. 5	2. 96
甘　肃	2 799. 8	958. 3	3 423	59. 8	52. 1	5. 75
青　海	274. 5	102. 0	3 716	-1. 2	-0. 7	-0. 67
宁　夏	844. 1	356. 5	4 224	17. 2	15. 8	4. 64
新　疆	2 028. 6	1 170. 7	5 771	43. 9	18. 7	1. 62

各地区夏粮作物播种面积和产量

地区	播种面积（千公顷）	总产量（万吨）	每公顷产量（千克）	比上年增减		
				播种面积（千公顷）	总产量	
					绝对量（万吨）	%
全国总计	**27 440.3**	**12 315.0**	**4 488**	**58.1**	**-33.5**	**-0.27**
北京	61.6	28.4	4 609	0.7	-2.7	-8.66
天津	110.5	53.2	4 814	0.3	-0.8	-1.54
河北	2 455.2	1 243.7	5 066	31.0	0.5	0.04
山西	751.3	234.2	3 118	2.4	21.3	10.02
内蒙古						
辽宁	59.5	39.2	6 588	-3.9	-1.1	-2.83
吉林						
黑龙江						
上海	59.6	23.0	3 853	-13.8	-4.9	-17.55
江苏	2 340.4	1 105.3	4 723	2.0	2.1	0.19
浙江	176.1	59.1	3 355	6.3	0.5	0.92
安徽	2 408.3	1 211.7	5 031	9.7	29.5	2.50
福建	86.2	31.7	3 671	7.7	0.1	0.30
江西	56.9	7.4	1 301	-2.1	-0.6	-7.04
山东	3 564.3	2 060.0	5 780	18.2	12.3	0.60
河南	5 306.7	3 090.7	5 824	16.7	25.7	0.84
湖北	1 266.5	420.6	3 321	39.3	22.2	5.56
湖南	198.3	58.9	2 970	18.3	9.4	18.99
广东	224.1	103.7	4 628	1.5	3.4	3.43
广西	91.1	16.7	1 835	12.6	-3.6	-17.68
海南	73.2	29.1	3 984	33.8	14.3	95.71
重庆	524.1	155.6	2 969	-2.0	0.4	0.28
四川	1 787.3	558.9	3 127	-9.6	6.1	1.10
贵州	950.3	166.8	1 755	-16.7	-59.7	-26.34
云南	1 122.4	127.7	1 138	-5.9	-108.8	-46.01
西藏						
陕西	1 320.7	449.3	3 402	1.3	23.3	5.47
甘肃	1 053.2	330.8	3 141	-58.1	-10.5	-3.08
青海						
宁夏	243.6	73.3	3 009	-5.1	-3.0	-3.96
新疆	1 149.0	636.0	5 536	-36.1	-9.0	-1.39

各地区秋粮作物播种面积和产量

地区	播种面积（千公顷）	总产量（万吨）	每公顷产量（千克）	比上年增减		
				播种面积（千公顷）	总产量	
					绝对量（万吨）	%
全国总计	**76 640. 0**	**39 199. 0**	**5 115**	**906. 5**	**1 800. 9**	**4. 82**
北　京	161. 9	87. 3	5 393	-3. 6	-6. 4	-6. 83
天　津	201. 3	106. 5	5 293	4. 8	4. 3	4. 19
河　北	3 827. 0	1 732. 2	4 526	34. 7	65. 3	3. 92
山　西	2 488. 0	850. 9	3 420	90. 2	121. 8	16. 70
内蒙古	5 498. 7	2 158. 2	3 925	74. 7	176. 5	8. 91
辽　宁	3 119. 8	1 726. 2	5 533	59. 1	175. 5	11. 32
吉　林	4 492. 2	2 842. 5	6 328	64. 5	382. 5	15. 55
黑龙江	11 454. 7	5 012. 8	4 376	63. 7	659. 8	15. 16
上　海	119. 6	95. 4	7 981	-0. 3	1. 6	1. 72
江　苏	2 942. 0	2 129. 8	7 239	-6. 6	2. 9	0. 13
浙　江	982. 1	648. 2	6 600	-23. 3	-14. 6	-2. 20
安　徽	3 944. 7	1 728. 5	4 382	11. 6	-8. 8	-0. 51
福　建	938. 0	509. 9	5 436	4. 4	0. 2	0. 03
江　西	2 181. 2	1 241. 8	5 693	36. 4	41. 0	3. 41
山　东	3 520. 5	2 275. 7	6 464	36. 5	7. 1	0. 31
河　南	4 433. 5	2 346. 4	5 292	39. 9	22. 4	0. 96
湖　北	2 443. 3	1 695. 6	6 940	15. 4	-6. 8	-0. 40
湖　南	3 250. 3	2 024. 1	6 227	11. 8	-19. 4	-0. 95
广　东	1 366. 5	701. 7	5 135	-4. 5	6. 8	0. 99
广　西	2 005. 2	864. 1	4 309	5. 0	-25. 5	-2. 87
海　南	223. 7	79. 9	3 571	-30. 1	-22. 9	-22. 30
重　庆	1 719. 8	1 000. 5	5 818	16. 4	18. 5	1. 88
四　川	4 613. 5	2 663. 3	5 773	-7. 7	22. 3	0. 84
贵　州	2 089. 2	945. 5	4 526	71. 5	3. 7	0. 40
云　南	3 113. 1	1 378. 0	4 426	97. 8	74. 0	5. 67
西　藏	170. 2	91. 2	5 360	0. 7	0. 7	0. 74
陕　西	1 839. 0	715. 6	3 891	24. 4	10. 2	1. 45
甘　肃	1 746. 6	627. 5	3 593	117. 9	62. 6	11. 08
青　海	274. 5	102. 0	3 716	-1. 2	-0. 7	-0. 67
宁　夏	600. 4	283. 2	4 717	22. 3	18. 8	7. 12
新　疆	879. 7	534. 7	6 078	80. 0	27. 7	5. 46

各地区谷物播种面积和产量

地区	播种面积（千公顷）	总产量（万吨）	每公顷产量（千克）	比上年增减		
				播种面积（千公顷）	总产量	
					绝对量（万吨）	%
全国总计	**89 850.6**	**49 637.1**	**5 524**	**1 449.5**	**1 480.8**	**3.07**
北京	213.6	113.2	5 297	-0.4	-8.3	-6.87
天津	296.3	157.4	5 311	3.6	3.2	2.10
河北	5 831.8	2 844.3	4 877	78.8	42.5	1.52
山西	2 714.8	1 035.2	3 813	97.7	139.4	15.56
内蒙古	3 707.7	1 821.2	4 912	75.4	144.0	8.58
辽宁	2 948.3	1 677.1	5 688	99.7	159.9	10.54
吉林	3 865.0	2 654.1	6 867	117.7	306.1	13.04
黑龙江	7 459.9	4 284.8	5 744	595.6	643.1	17.66
上海	172.5	116.3	6 739	-11.2	-3.2	-2.71
江苏	4 887.0	3 110.4	6 365	19.3	10.1	0.33
浙江	1 052.5	699.0	6 641	-9.7	-17.2	-2.39
安徽	5 424.4	2 911.2	5 367	38.3	15.2	0.53
福建	903.1	525.8	5 823	-7.9	-6.9	-1.30
江西	3 350.0	1 869.7	5 581	38.5	-46.4	-2.42
山东	6 670.7	4 105.3	6 154	49.9	17.2	0.42
河南	8 920.9	5 207.1	5 837	81.9	47.3	0.92
湖北	3 602.0	2 174.1	6 036	23.2	-5.7	-0.26
湖南	4 383.4	2 689.2	6 135	3.9	-61.2	-2.23
广东	2 123.9	1 135.9	5 348	-12.7	-0.8	-0.07
广西	2 648.0	1 332.5	5 032	-26.6	-41.3	-3.01
海南	345.5	147.6	4 272	8.7	-6.3	-4.11
重庆	1 319.7	822.1	6 229	-11.5	9.1	1.12
四川	4 781.6	2 656.9	5 557	-7.8	24.7	0.94
贵州	1 831.2	911.6	4 978	33.9	-10.9	-1.19
云南	3 063.4	1 278.0	4 172	57.5	3.6	0.28
西藏	163.0	88.5	5 430	0.8	0.7	0.82
陕西	2 610.6	1 042.1	3 992	11.8	29.2	2.88
甘肃	1 955.5	737.7	3 772	66.2	56.6	8.30
青海	151.6	57.0	3 756	4.9	3.4	6.27
宁夏	573.4	310.3	5 411	12.0	11.9	3.98
新疆	1 879.4	1 121.9	5 969	18.1	22.1	2.01

各地区稻谷播种面积和产量

地　　区	播种面积（千公顷）	总产量（万吨）	每公顷产量（千克）	比上年增减		
				播种面积（千公顷）	总产量	
					绝对量（万吨）	%
全国总计	**29 873.4**	**19 576.1**	**6 553**	**246.4**	**65.8**	**0.34**
北　　京	0.3	0.2	6 333	-0.1	-0.1	-20.83
天　　津	15.8	11.2	7 093	-0.2	-0.1	-0.44
河　　北	79.7	54.2	6 805	-5.4	-3.2	-5.60
山　　西	1.0	0.5	4 423	-0.1	…	-8.00
内 蒙 古	92.2	74.8	8 115	-9.6	10.0	15.40
辽　　宁	677.5	457.6	6 754	20.8	-48.4	-9.57
吉　　林	673.5	568.5	8 441	13.1	63.5	12.57
黑 龙 江	2 768.8	1 843.9	6 659	308.0	269.4	17.11
上　　海	108.5	90.3	8 328	…	0.3	0.36
江　　苏	2 234.2	1 807.9	8 092	0.9	5.0	0.28
浙　　江	923.2	648.2	7 021	-15.6	-18.5	-2.78
安　　徽	2 245.4	1 383.4	6 161	-1.5	-22.2	-1.58
福　　建	854.8	507.9	5 942	-9.8	-7.4	-1.43
江　　西	3 318.4	1 858.3	5 600	36.4	-47.6	-2.50
山　　东	128.2	106.4	8 294	-6.4	-5.7	-5.05
河　　南	628.0	471.2	7 503	16.7	20.2	4.48
湖　　北	2 038.2	1 557.8	7 643	-6.9	-34.1	-2.14
湖　　南	4 030.5	2 506.0	6 218	-16.7	-72.6	-2.82
广　　东	1 952.7	1 060.6	5 431	-7.0	2.5	0.24
广　　西	2 094.4	1 121.3	5 353	-30.6	-24.7	-2.15
海　　南	324.3	138.5	4 270	6.6	-7.5	-5.11
重　　庆	683.9	518.6	7 583	1.9	7.3	1.42
四　　川	2 004.5	1 512.1	7 544	-22.6	-8.1	-0.53
贵　　州	695.8	445.7	6 405	-2.4	-7.5	-1.66
云　　南	1 021.0	616.6	6 039	-18.8	-19.7	-3.09
西　　藏	1.0	0.6	6 020	…	0.1	13.46
陕　　西	121.6	81.0	6 662	-3.7	-1.5	-1.81
甘　　肃	5.8	4.1	7 050	0.2	0.2	5.38
青　　海						
宁　　夏	83.2	70.0	8 416	4.9	5.4	8.43
新　　疆	66.9	59.0	8 812	-5.6	10.7	22.06

各地区早稻播种面积和产量

地区	播种面积（千公顷）	总产量（万吨）	每公顷产量（千克）	比上年增减		
				播种面积（千公顷）	总产量	
					绝对量（万吨）	%
全国总计	**5 795.8**	**3 133.7**	**5 407**	**-74.2**	**-201.8**	**-6.05**
北京						
天津						
河北						
山西						
内蒙古						
辽宁						
吉林						
黑龙江						
上海						
江苏						
浙江	117.6	63.4	5 394	2.8	-4.4	-6.53
安徽	263.4	140.3	5 328	-10.5	-10.1	-6.71
福建	208.0	120.3	5 783	-5.7	-5.2	-4.16
江西	1 401.1	705.5	5 035	0.3	-88.3	-11.12
山东						
河南						
湖北	358.6	199.6	5 567	1.2	-8.7	-4.17
湖南	1 360.5	764.5	5 619	-20.1	-45.2	-5.58
广东	941.3	511.1	5 430	-3.6	-8.3	-1.60
广西	964.8	531.5	5 509	-24.0	-21.8	-3.94
海南	140.4	71.4	5 083	3.1	1.5	2.08
重庆						
四川	1.2	0.7	5 833	-0.1	-0.1	-12.50
贵州						
云南	38.9	25.3	6 506	-17.6	-11.1	-30.47
西藏						
陕西						
甘肃						
青海						
宁夏						
新疆						

各地区中稻和一季晚稻播种面积和产量

地区	播种面积（千公顷）	总产量（万吨）	每公顷产量（千克）	比上年增减		
				播种面积（千公顷）	总产量	
					绝对量（万吨）	%
全国总计	**17 852. 8**	**12 914. 7**	**7 234**	**325. 6**	**254. 1**	**2. 01**
北　京	0. 3	0. 2	6 333	-0. 1	-0. 1	-20. 83
天　津	15. 8	11. 2	7 093	-0. 2	-0. 1	-0. 44
河　北	79. 7	54. 2	6 805	-5. 4	-3. 2	-5. 60
山　西	1. 0	0. 5	4 423	-0. 1	…	-8. 00
内蒙古	92. 2	74. 8	8 115	-9. 6	10. 0	15. 40
辽　宁	677. 5	457. 6	6 754	20. 8	-48. 4	-9. 57
吉　林	673. 5	568. 5	8 441	13. 1	63. 5	12. 57
黑龙江	2 768. 8	1 843. 9	6 659	308. 0	269. 4	17. 11
上　海	108. 5	90. 3	8 328	…	0. 3	0. 36
江　苏	2 233. 1	1 807. 1	8 092	3. 9	7. 0	0. 39
浙　江	647. 9	486. 1	7 503	-18. 5	-12. 0	-2. 41
安　徽	1 702. 0	1 105. 2	6 493	20. 4	-6. 3	-0. 57
福　建	451. 1	278. 9	6 183	5. 4	2. 7	0. 99
江　西	391. 9	259. 0	6 609	-0. 6	-3. 8	-1. 45
山　东	128. 2	106. 4	8 294	-6. 4	-5. 7	-5. 05
河　南	628. 0	471. 2	7 503	16. 7	20. 2	4. 48
湖　北	1 262. 4	1 102. 8	8 736	-9. 1	-30. 0	-2. 65
湖　南	1 228. 4	851. 5	6 932	19. 9	1. 2	0. 14
广　东						
广　西	149. 9	80. 4	5 359	4. 7	-4. 4	-5. 14
海　南						
重　庆	683. 9	518. 6	7 583	1. 9	7. 3	1. 42
四　川	2 002. 6	1 511. 0	7 545	-22. 5	-8. 0	-0. 53
贵　州	695. 8	445. 7	6 405	3. 2	-4. 0	-0. 88
云　南	951. 9	575. 2	6 043	-15. 6	-16. 5	-2. 79
西　藏	1. 0	0. 6	6 020	0. 0	0. 1	15. 38
陕　西	121. 6	81. 0	6 662	-3. 7	-1. 5	-1. 81
甘　肃	5. 8	4. 1	7 050	0. 2	0. 2	5. 38
青　海						
宁　夏	83. 2	70. 0	8 416	4. 9	5. 4	8. 43
新　疆	66. 9	59. 0	8 812	-5. 6	10. 7	22. 06

各地区双季晚稻播种面积和产量

地区	播种面积（千公顷）	总产量（万吨）	每公顷产量（千克）	比上年增减		
				播种面积（千公顷）	总产量	
					绝对量（万吨）	%
全国总计	**6 224.7**	**3 527.7**	**5 667**	**-4.9**	**13.4**	**0.38**
北京						
天津						
河北						
山西						
内蒙古						
辽宁						
吉林						
黑龙江						
上海						
江苏	1.1	0.8	7 050	-3.0	-2.1	-72.76
浙江	157.7	98.6	6 254	0.1	-2.1	-2.09
安徽	280.0	137.9	4 926	-11.3	-5.8	-4.01
福建	195.7	108.8	5 557	-9.5	-4.9	-4.31
江西	1 525.5	893.8	5 859	36.7	44.5	5.24
山东						
河南						
湖北	417.2	255.4	6 121	1.0	4.5	1.81
湖南	1 441.6	890.0	6 174	-16.5	-28.6	-3.11
广东	1 011.4	549.5	5 433	-3.4	10.8	2.00
广西	979.7	509.4	5 200	-11.3	1.5	0.30
海南	183.9	67.1	3 648	3.5	-8.9	-11.72
重庆						
四川	0.7	0.4	5 714	…	…	
贵州						
云南	30.2	16.0	5 305	14.3	7.9	97.78
西藏						
陕西						
甘肃						
青海						
宁夏						
新疆						

各地区小麦播种面积和产量

地区	播种面积（千公顷）	总产量（万吨）	每公顷产量（千克）	比上年增减		
				播种面积（千公顷）	总产量	
					绝对量（万吨）	%
全国总计	**24 256.5**	**11 518.1**	**4 748**	**-34.2**	**6.6**	**0.06**
北京	61.6	28.4	4 610	1.0	-2.6	-8.42
天津	110.5	53.2	4 814	0.3	-0.8	-1.54
河北	2 420.3	1 230.6	5 085	25.9	0.8	0.06
山西	728.5	232.2	3 188	1.0	21.1	10.01
内蒙古	566.2	165.2	2 918	37.9	-6.0	-3.50
辽宁	7.5	3.7	4 933	-1.3	-0.8	-17.78
吉林	3.6	1.2	3 473	-0.5	0.2	24.20
黑龙江	280.0	92.5	3 303	-13.1	-23.8	-20.48
上海	49.4	19.3	3 897	-8.2	-2.9	-12.97
江苏	2 093.1	1 008.1	4 816	15.5	3.7	0.37
浙江	66.2	24.7	3 730	5.8	1.4	6.20
安徽	2 365.7	1 206.7	5 101	10.4	29.5	2.51
福建	3.6	1.0	2 840	-0.2	-0.1	-8.66
江西	10.4	2.1	2 031	0.5	0.2	10.47
山东	3 561.9	2 058.6	5 780	16.7	11.3	0.55
河南	5 280.0	3 082.2	5 838	16.7	26.2	0.86
湖北	1 000.1	343.1	3 430	6.8	11.4	3.44
湖南	39.2	9.9	2 526	10.8	3.5	54.69
广东	0.9	0.2	2 826	…	…	2.50
广西	4.2	0.6	1 357	0.2	…	-5.00
海南						
重庆	150.5	45.9	3 051	-17.7	-5.7	-11.13
四川	1 265.7	427.7	3 379	-11.8	4.4	1.04
贵州	260.8	24.8	952	-2.2	-19.7	-44.23
云南	428.9	46.0	1 072	-3.5	-46.3	-50.18
西藏	37.1	24.3	6 553	0.3	-0.3	-1.14
陕西	1 148.9	403.8	3 515	2.9	20.7	5.40
甘肃	879.7	250.9	2 852	-84.2	-10.2	-3.91
青海	101.0	37.3	3 693	-3.2	-1.8	-4.51
宁夏	211.4	70.3	3 327	-7.1	-3.2	-4.39
新疆	1 120.0	623.5	5 567	-33.9	-3.7	-0.58

各地区冬小麦播种面积和产量

地区	播种面积（千公顷）	总产量（万吨）	每公顷产量（千克）	比上年增减		
				播种面积（千公顷）	总产量	
					绝对量（万吨）	%
全国总计	**22 551.5**	**10 886.3**	**4 827**	**129.1**	**89.0**	**0.82**
北京	61.6	28.4	4 609	1.1	-2.6	-8.30
天津	103.5	50.1	4 839	1.2	-0.5	-0.93
河北	2 415.9	1 228.8	5 086	24.9	0.5	0.04
山西	727.9	232.0	3 188	1.0	21.1	10.01
内蒙古						
辽宁						
吉林						
黑龙江						
上海	49.4	19.3	3 897	-8.2	-2.9	-12.97
江苏	2 093.1	1 008.1	4 816	15.5	3.7	0.37
浙江	66.2	24.7	3 730	5.8	1.4	6.20
安徽	2 365.7	1 206.7	5 101	10.4	29.5	2.51
福建	3.6	1.0	2 840	-0.2	-0.1	-8.66
江西	10.4	2.1	2 031	0.5	0.2	10.47
山东	3 561.8	2 058.6	5 780	16.8	11.4	0.55
河南	5 280.0	3 082.2	5 838	16.7	26.2	0.86
湖北	1 000.1	343.1	3 430	6.8	11.4	3.44
湖南	39.2	9.9	2 526	10.8	3.5	54.69
广东	0.9	0.2	2 826	…	…	2.50
广西	4.2	0.6	1 357			
海南						
重庆	150.5	45.9	3 051	-17.7	-5.7	-11.13
四川	1 256.5	425.4	3 386	-11.9	3.8	0.90
贵州	260.8	24.8	952	-2.2	-19.7	-44.23
云南	426.8	45.4	1 063	-3.3	-46.3	-50.48
西藏	28.0	19.8	7 054	1.2	0.3	1.59
陕西	1 148.9	403.8	3 515	2.9	20.7	5.40
甘肃	593.4	148.1	2 496	-24.1	1.3	0.89
青海						
宁夏	101.5	31.1	3 064	20.4	11.3	56.96
新疆	801.7	446.3	5 567	56.6	19.8	4.65

各地区春小麦播种面积和产量

地　　区	播种面积（千公顷）	总产量（万吨）	每公顷产量（千克）	比上年增减		
				播种面积（千公顷）	总产量	
					绝对量（万吨）	%
全国总计	**1 705.0**	**631.8**	**3 705**	**-163.3**	**-82.4**	**-11.54**
北　　京						
天　　津	7.0	3.1	4 449	-0.9	-0.4	-10.37
河　　北	4.5	1.8	4 107	1.0	0.3	21.05
山　　西	0.6	0.2	3 548	0.0	0.0	4.76
内 蒙 古	566.2	165.2	2 918	37.9	-6.0	-3.50
辽　　宁	7.5	3.7	4 933	-1.3	-0.8	-17.78
吉　　林	3.6	1.2	3 473	-0.5	0.2	24.20
黑 龙 江	280.0	92.5	3 303	-13.1	-23.8	-20.48
上　　海						
江　　苏						
浙　　江						
安　　徽						
福　　建						
江　　西						
山　　东						
河　　南						
湖　　北						
湖　　南						
广　　东						
广　　西						
海　　南						
重　　庆						
四　　川	9.2	2.3	2 500	0.1	0.6	35.29
贵　　州						
云　　南	2.1	0.6	2 905	-0.2	-0.1	-10.29
西　　藏	9.0	4.5	4 994	-0.9	-0.6	-11.59
陕　　西						
甘　　肃	286.2	102.8	3 592	-60.1	-11.5	-10.06
青　　海	101.0	37.3	3 693	-3.2	-1.8	-4.51
宁　　夏	109.8	39.2	3 571	-27.5	-14.5	-27.02
新　　疆	318.3	177.2	5 567	-90.5	-23.5	-11.71

各地区玉米播种面积和产量

地区	播种面积（千公顷）	总产量（万吨）	每公顷产量（千克）	比上年增减		
				播种面积（千公顷）	总产量	
					绝对量（万吨）	%
全国总计	**32 500.1**	**17 724.5**	**5 454**	**1 317.5**	**1 327.2**	**8.09**
北京	149.8	84.2	5 621	-1.0	-5.6	-6.23
天津	168.9	92.7	5 490	3.0	4.0	4.51
河北	3 008.6	1 508.7	5 015	58.1	43.5	2.97
山西	1 548.9	766.0	4 945	97.7	111.7	17.08
内蒙古	2 485.6	1 465.7	5 897	34.4	124.4	9.28
辽宁	2 093.0	1 150.5	5 497	128.9	187.4	19.46
吉林	3 046.7	2 004.0	6 578	89.5	194.0	10.72
黑龙江	4 368.4	2 324.4	5 321	358.2	404.2	21.05
上海	4.4	3.0	6 659	0.3	0.6	22.92
江苏	403.7	218.5	5 412	3.9	2.3	1.07
浙江	27.3	12.2	4 455	0.2	0.5	4.29
安徽	761.1	312.7	4 109	30.4	8.0	2.64
福建	40.1	15.2	3 793	2.2	0.6	4.46
江西	18.2	8.4	4 642	2.1	1.2	15.78
山东	2 955.3	1 932.1	6 538	37.9	10.6	0.55
河南	2 946.0	1 634.8	5 549	50.6	0.8	0.05
湖北	531.4	261.0	4 912	24.1	16.9	6.92
湖南	293.0	168.1	5 737	11.0	8.2	5.13
广东	162.3	72.1	4 443	-4.4	-2.6	-3.49
广西	538.6	208.7	3 875	4.0	-16.5	-7.33
海南	21.0	9.1	4 323	2.3	1.1	14.16
重庆	461.9	251.6	5 446	2.8	7.1	2.91
四川	1 355.4	669.0	4 936	21.0	26.0	4.04
贵州	781.1	415.4	5 318	29.7	10.2	2.52
云南	1 417.8	613.0	4 323	63.6	70.3	12.96
西藏	4.2	2.8	6 540	0.2	0.2	8.24
陕西	1 182.4	532.2	4 501	18.4	6.1	1.16
甘肃	835.5	390.4	4 673	177.7	77.8	24.89
青海	12.3	10.7	8 702	7.1	6.4	149.53
宁夏	223.4	165.8	7 422	8.3	9.4	6.03
新疆	653.8	421.6	6 448	55.4	18.2	4.52

各地区谷子播种面积和产量

地区	播种面积（千公顷）	总产量（万吨）	每公顷产量（千克）	比上年增减		
				播种面积（千公顷）	总产量	
					绝对量（万吨）	%
全国总计	**808.7**	**157.3**	**1 946**	**20.7**	**34.8**	**28.43**
北京	1.5	0.3	1 948	…	…	-3.23
天津	0.1	…	3 333	…	…	
河北	154.8	39.3	2 538	8.7	2.1	5.68
山西	205.0	20.3	990	5.3	4.6	29.05
内蒙古	174.2	25.9	1 485	24.6	11.5	80.03
辽宁	76.8	24.7	3 216	-10.6	9.6	63.58
吉林	31.9	10.2	3 206	14.2	7.3	244.38
黑龙江	11.7	4.1	3 516	-13.7	-0.4	-7.87
上海						
江苏	0.1	…	1 485	…	…	
浙江						
安徽	0.1	…	444	…	…	
福建	0.1	…	3 105	…	…	
江西						
山东	17.6	5.4	3 054	2.8	0.9	20.72
河南	36.4	10.1	2 780	-1.6	-0.9	-8.09
湖北	0.1	…	1 667	…	…	
湖南						
广东	0.3	0.1	2 363	…	…	1.29
广西	2.7	0.7	2 482	…	…	-2.86
海南						
重庆						
四川						
贵州	1.5	0.2	1 533	-0.2	…	-4.17
云南	0.3	…	1 290	…	…	
西藏						
陕西	74.7	12.2	1 637	-3.0	-0.1	-0.57
甘肃	12.4	2.0	1 625	-6.0	-0.8	-29.37
青海						
宁夏	5.4	0.4	748	-0.3	…	11.11
新疆	1.1	1.3	11 681	0.5	1.0	300.00

各地区高粱播种面积和产量

地区	播种面积（千公顷）	总产量（万吨）	每公顷产量（千克）	比上年增减		
				播种面积（千公顷）	总产量	
					绝对量（万吨）	%
全国总计	**547.7**	**245.6**	**4 485**	**-11.7**	**78.0**	**46.51**
北京	0.3	0.1	2 813	…	…	
天津	0.8	0.2	1 875	0.4	0.1	114.29
河北	16.2	4.6	2 803	-2.2	-0.6	-11.82
山西	34.1	5.3	1 561	6.3	1.3	31.36
内蒙古	147.9	56.4	3 815	23.0	17.9	46.37
辽宁	70.6	35.2	4 986	-24.6	12.3	53.71
吉林	95.6	66.8	6 988	6.3	41.8	167.28
黑龙江	25.0	17.8	7 111	-38.2	-3.9	-17.98
上海						
江苏						
浙江						
安徽	1.0	0.2	1 999	-0.1	…	-0.36
福建	1.5	0.6	4 305	-0.1	…	-3.16
江西	0.9	0.4	3 977	-0.1	-0.1	-14.63
山东	5.1	1.6	3 063	-1.5	-0.5	-25.84
河南	3.9	0.4	909	-0.1	0.0	-5.41
湖北	2.9	1.4	4 793	-0.4	0.1	7.75
湖南	2.5	1.0	4 000	-1.0	-0.4	-28.57
广东	0.1	…	3 939	…	…	
广西	2.3	0.7	2 845	-0.2	…	-5.71
海南						
重庆	14.5	4.0	2 744	1.7	0.5	13.54
四川	46.4	19.5	4 203	4.9	2.3	13.37
贵州	47.8	17.4	3 632	13.5	6.5	59.47
云南	2.7	0.3	1 176	0.3	0.1	52.38
西藏						
陕西	9.5	3.0	3 200	0.4	0.1	4.47
甘肃	10.3	5.2	5 044	-2.9	-1.5	-22.35
青海						
宁夏	0.1	…	1 250	-0.1	…	
新疆	5.8	3.8	6 522	3.1	2.2	135.85

各地区其他谷物播种面积和产量

地　　区	播种面积（千公顷）	总产量（万吨）	每公顷产量（千克）	比上年增减		
				播种面积（千公顷）	总产量	
					绝对量（万吨）	%
全国总计	**1 864. 3**	**415. 4**	**2 228**	**－89. 2**	**－31. 6**	**－7. 06**
北　　京	0. 1	…	1 538	－0. 3	…	
天　　津	0. 2	0. 1	2 381	0. 1	…	
河　　北	152. 1	6. 9	452	－6. 3	－0. 1	－1. 43
山　　西	197. 3	10. 8	549	－12. 4	0. 7	6. 80
内 蒙 古	241. 7	33. 2	1 375	－34. 9	－13. 8	－29. 36
辽　　宁	22. 9	5. 4	2 358	－13. 5	－0. 2	－3. 57
吉　　林	13. 7	3. 3	2 430	－4. 9	－0. 7	－17. 67
黑 龙 江	6. 0	2. 1	3 477	－5. 6	－2. 4	－53. 74
上　　海	10. 2	3. 7	3 643	－3. 2	－1. 2	－25. 00
江　　苏	156. 0	75. 9	4 868	－0. 9	－0. 9	－1. 14
浙　　江	35. 9	14. 0	3 898	－0. 1	－0. 6	－3. 91
安　　徽	51. 2	8. 1	1 586	－0. 9	－0. 1	－1. 59
福　　建	3. 0	1. 0	3 353	－0. 1	…	－3. 89
江　　西	2. 2	0. 5	2 465	－0. 3	－0. 1	－14. 52
山　　东	2. 7	1. 4	5 224	0. 4	0. 7	86. 67
河　　南	26. 7	8. 5	3 180	－0. 3	1. 0	13. 07
湖　　北	29. 4	10. 8	3 686	－0. 4	…	
湖　　南	18. 2	4. 2	2 308	－0. 2	0. 1	2. 44
广　　东	7. 6	2. 8	3 712	－1. 3	－0. 7	－19. 94
广　　西	5. 7	0. 6	1 105	－0. 1	－0. 1	－10. 00
海　　南	0. 2	…	2 052	0. 1	…	
重　　庆	8. 8	2. 0	2 297	－0. 1	…	－0. 14
四　　川	109. 6	28. 6	2 609	0. 7	0. 1	0. 35
贵　　州	44. 2	8. 1	1 832	－4. 5	－0. 4	－5. 05
云　　南	192. 7	2. 1	108	15. 9	－0. 9	－29. 73
西　　藏	120. 7	60. 9	5 041	0. 3	0. 7	1. 20
陕　　西	73. 5	9. 8	1 332	－3. 2	3. 8	62. 90
甘　　肃	211. 7	85. 0	4 015	－18. 6	－8. 9	－9. 49
青　　海	38. 3	8. 9	2 332	1. 0	－1. 3	－12. 78
宁　　夏	50. 1	3. 7	743	6. 2	0. 2	6. 29
新　　疆	31. 7	12. 7	4 013	－1. 5	－6. 3	－32. 96

各地区大麦播种面积和产量

地　区	播种面积（千公顷）	总产量（万吨）	每公顷产量（千克）	比上年增减		
				播种面积（千公顷）	总产量	
					绝对量（万吨）	%
全国总计	**579.7**	**197.2**	**3 402**	**-46.7**	**-34.6**	**-14.93**
北　京						
天　津						
河　北	0.1					
山　西						
内蒙古	68.6	16.5	2 402	-12.9	-14.9	-47.45
辽　宁						
吉　林	0.1					
黑龙江	2.6	0.1	377	-4.2	-2.9	-96.68
上　海	8.1	3.2	3 998	-5.3	-1.7	-34.88
江　苏	151.0	74.1	4 910	-0.6	-0.7	-0.95
浙　江	26.7	10.5	3 943	-0.5	-0.7	-6.48
安　徽	48.2	7.9	1 642	-1.6	-0.3	-3.21
福　建	1.0	0.3	2 855	…	…	4.50
江　西	0.2	…	1 667	…	…	
山　东	1.4	1.0	6 901	1.0	0.8	444.44
河　南	26.7	8.5	3 180	1.5	1.1	14.91
湖　北	28.4	10.5	3 689	-0.3	-0.1	-1.41
湖　南	2.0	0.5	2 500	-0.2	0.1	25.00
广　东						
广　西						
海　南						
重　庆	1.8	0.5	3 045	-0.4	-0.1	-19.40
四　川	30.3	12.6	4 158	-1.8	-2.0	-13.70
贵　州	3.0	0.3	1 020	-0.7	-0.3	-50.79
云　南	85.1	1.2	145	1.9	-0.6	-32.42
西　藏	0.1	0.1	4 545	…	…	
陕　西	1.2	0.5	4 000	-0.2	-0.1	-14.29
甘　肃	63.7	36.1	5 671	-14.5	-6.4	-15.03
青　海						
宁　夏	0.5	0.2	3 478	-0.9	-0.5	-73.77
新　疆	28.9	12.5	4 333	-2.2	-5.3	-29.75

各地区豆类播种面积和产量

地　区	播种面积（千公顷）	总产量（万吨）	每公顷产量（千克）	比上年增减		
				播种面积（千公顷）	总产量	
					绝对量（万吨）	%
全国总计	**11 275.7**	**1 896.5**	**1 682**	**-673.1**	**-33.8**	**-1.75**
北　京	7.4	1.2	1 573	-2.1	-0.4	-27.52
天　津	14.5	1.9	1 323	1.5	0.2	12.28
河　北	194.4	33.5	1 724	-24.9	-1.4	-4.04
山　西	334.0	24.1	720	-2.4	2.5	11.70
内蒙古	1 100.4	166.0	1 509	-24.2	22.9	15.96
辽　宁	151.0	37.0	2 450	-32.6	4.9	15.26
吉　林	537.3	112.9	2 101	-43.7	27.9	32.82
黑龙江	3 750.4	601.9	1 605	-501.0	-16.6	-2.69
上　海	5.6	1.2	2 115	-2.9	-0.7	-37.57
江　苏	334.1	85.2	2 551	-3.7	-2.0	-2.25
浙　江	126.0	30.4	2 415	-3.6	-0.8	-2.44
安　徽	1 021.2	121.9	1 194	-29.1	-5.3	-4.18
福　建	77.8	18.7	2 400	2.5	0.6	3.53
江　西	154.0	27.9	1 812	0.1	1.0	3.79
山　东	166.9	41.1	2 461	-4.2	-0.8	-1.96
河　南	513.4	93.3	1 818	-15.9	0.3	0.35
湖　北	192.1	44.3	2 304	-3.7	-0.2	-0.43
湖　南	171.3	40.3	2 352	4.3	2.2	5.75
广　东	79.0	18.3	2 319	-0.5	0.2	1.32
广　西	168.6	23.7	1 403	10.0	-1.9	-7.58
海　南	8.0	2.2	2 701	0.2	0.3	15.61
重　庆	214.0	41.9	1 959	9.5	2.1	5.25
四　川	434.9	98.3	2 260	-9.3	-2.0	-1.99
贵　州	313.5	26.6	848	2.3	-10.3	-27.94
云　南	579.4	79.5	1 372	5.6	-50.9	-39.03
西　藏	6.6	2.4	3 550	…	-0.1	-3.29
陕　西	224.0	45.0	2 011	-3.3	-1.5	-3.18
甘　肃	198.9	35.5	1 783	-8.3	1.7	5.16
青　海	36.2	8.5	2 350	-6.1	-2.3	-21.30
宁　夏	48.7	3.7	769	0.9	0.5	14.94
新　疆	112.3	28.3	2 523	11.5	-3.9	-12.13

各地区大豆播种面积和产量

地区	播种面积（千公顷）	总产量（万吨）	每公顷产量（千克）	比上年增减		
				播种面积（千公顷）	总产量	
					绝对量（万吨）	%
全国总计	**8 515.8**	**1 508.3**	**1 771**	**-674.0**	**10.2**	**0.68**
北京	6.4	1.1	1 669	-1.9	-0.4	-28.19
天津	14.1	1.9	1 327	1.6	0.3	16.15
河北	147.9	27.7	1 873	-17.9	-0.8	-2.77
山西	195.1	15.5	792	-0.2	1.6	11.71
内蒙古	812.0	133.4	1 643	-28.2	19.0	16.56
辽宁	123.4	34.1	2 763	-40.7	4.1	13.67
吉林	376.8	86.6	2 298	-60.6	4.6	5.57
黑龙江	3 547.9	585.0	1 649	-459.9	-6.9	-1.17
上海	4.2	1.1	2 600	-0.2	0.1	14.58
江苏	226.9	59.8	2 637	-6.1	-1.0	-1.72
浙江	52.6	13.0	2 466	-2.9	-0.6	-4.49
安徽	938.9	119.8	1 276	-31.0	-4.8	-3.87
福建	61.1	14.4	2 364	2.0	0.4	2.80
江西	99.1	20.4	2 062	-0.5	0.7	3.65
山东	156.9	38.6	2 459	-4.2	-1.0	-2.43
河南	453.0	86.4	1 907	-14.0	0.4	0.43
湖北	102.0	25.7	2 518	-3.4	0.1	0.35
湖南	89.8	22.1	2 461	0.5	0.4	1.84
广东	63.6	14.7	2 312	3.8	1.1	8.17
广西	108.8	16.7	1 534	7.7	…	-0.1
海南	3.1	0.8	2 443	-0.3	…	-3.8
重庆	91.2	18.1	1 987	5.2	1.1	6.32
四川	221.1	53.1	2 402	-0.1	2.7	5.36
贵州	131.8	16.0	1 213	…	0.1	0.76
云南	128.4	27.1	2 114	-2.5	-1.9	-6.61
西藏	0.1	0.1	3 571	…	…	-16.67
陕西	178.6	39.7	2 223	-8.7	-2.7	-6.26
甘肃	90.4	15.9	1 755	-0.9	1.6	10.99
青海						
宁夏	16.4	1.0	586	…	…	-4.00
新疆	74.3	18.8	2 523	-10.4	-7.8	-29.33

各地区绿豆播种面积和产量

地　　区	播种面积（千公顷）	总产量（万吨）	每公顷产量（千克）	比上年增减		
				播种面积（千公顷）	总产量	
					绝对量（万吨）	%
全国总计	**742.2**	**95.4**	**1 286**	**48.9**	**18.5**	**24.06**
北　　京	0.2	…	909	…	…	
天　　津	0.2	…	833	…	…	
河　　北	16.7	1.7	1 039	1.1	0.3	20.14
山　　西	50.8	4.2	833	5.2	0.7	18.49
内 蒙 古	183.4	16.9	923	11.1	4.8	39.80
辽　　宁	6.1	1.7	2 705	-2.4	1.0	150.00
吉　　林	148.4	23.4	1 578	14.7	8.4	56.06
黑 龙 江	21.0	2.6	1 212	-9.2	-0.7	-20.81
上　　海						
江　　苏	4.0	1.0	2 400	-0.2	-0.1	-4.94
浙　　江	8.1	1.5	1 844	5.3	0.9	152.54
安　　徽	66.2	2.3	350	3.1	0.3	13.87
福　　建	2.9	0.6	2 003	0.1	…	5.41
江　　西	9.3	1.6	1 703	0.3	0.1	8.97
山　　东	6.4	1.4	2 248	0.6	0.1	8.33
河　　南	53.3	6.4	1 204	-4.7	…	0.31
湖　　北	20.6	3.5	1 703	1.5	-0.3	-7.14
湖　　南	24.5	6.1	2 490	0.8	0.3	5.17
广　　东	2.8	0.7	2 336	…	…	3.75
广　　西	13.7	2.6	1 927	0.6	-0.1	-2.59
海　　南	0.8	0.2	1 882	0.1	…	-5.12
重　　庆	20.9	3.8	1 798	1.3	-0.7	-15.13
四　　川	17.8	3.6	2 022	0.3	0.3	9.09
贵　　州	6.7	0.8	1 243	1.4	0.1	12.16
云　　南	8.2	1.3	1 581	3.8	0.5	72.00
西　　藏						
陕　　西	32.1	3.3	1 034	1.5	0.2	5.40
甘　　肃	0.8	0.1	976	0.4	…	-11.11
青　　海						
宁　　夏						
新　　疆	16.4	4.2	2 526	12.4	2.2	111.73

各地区红小豆播种面积和产量

地区	播种面积（千公顷）	总产量（万吨）	每公顷产量（千克）	比上年增减		
				播种面积（千公顷）	总产量	
					绝对量（万吨）	%
全国总计	**161.6**	**25.0**	**1 549**	**7.4**	**2.7**	**11.98**
北京	0.7	0.1	845	-0.1	…	-25.00
天津	0.1	…	1 429	…	…	
河北	8.8	0.9	1 052	-0.7	0.1	12.05
山西	9.4	0.9	918	1.1	0.2	36.51
内蒙古	22.6	2.2	991	0.3	-0.1	-5.88
辽宁	3.9	0.8	1 923	-1.7	0.2	44.23
吉林	9.5	2.4	2 489	-0.7	0.4	18.17
黑龙江	31.8	6.2	1 949	-3.6	0.7	12.32
上海						
江苏	9.5	2.3	2 430	0.4	-0.1	-2.87
浙江	8.6	1.4	1 593	5.7	0.8	124.59
安徽	5.2	0.2	325	0.2	…	7.66
福建	1.2	0.2	1 844	…	…	0.82
江西						
山东	1.0	0.2	1 980	0.1	…	25.00
河南	3.6	0.4	1 077	-0.1	…	-2.50
湖北	5.5	0.7	1 327	0.5	-0.1	-16.09
湖南	0.5	0.1	2 000	0.1	…	
广东	1.5	0.4	2 493	-0.1	…	6.78
广西	0.4	0.1	1 714	0.1	…	
海南	0.6	0.2	2 775	0.1	0.1	58.57
重庆	3.0	0.5	1 579	-2.0	-0.7	-60.17
四川	3.3	0.6	1 818	0.2	0.1	20.00
贵州	6.9	1.1	1 513	2.2	0.3	32.91
云南	10.5	1.5	1 395	3.8	0.6	65.17
西藏						
陕西	5.0	0.7	1 340	0.5	0.1	8.06
甘肃	4.1	0.2	416	0.4	-0.1	-34.62
青海						
宁夏						
新疆	4.3	1.1	2 529	0.9	0.3	39.74

各地区薯类播种面积和产量

地　　区	播种面积（千公顷）	总产量（万吨）	每公顷产量（千克）	比上年增减		
				播种面积（千公顷）	总产量	
					绝对量（万吨）	%
全国总计	**8 749.7**	**3 114.1**	**3 559**	**113.9**	**118.6**	**3.96**
北　　京	2.4	1.4	5 603	-0.3	-0.3	-18.31
天　　津	1.0	0.5	4 742	…	…	2.22
河　　北	256.0	98.1	3 831	11.8	24.7	33.62
山　　西	190.4	25.9	1 360	-2.8	1.2	4.99
内 蒙 古	690.7	171.0	2 475	23.5	9.7	6.00
辽　　宁	80.0	51.3	6 413	-11.9	9.6	23.02
吉　　林	89.9	75.5	8 398	-9.5	48.5	179.60
黑 龙 江	244.5	126.2	5 163	-30.9	33.4	35.92
上　　海	1.1	1.0	8 899	…	0.7	223.33
江　　苏	61.3	39.5	6 443	-5.3	-3.1	-7.32
浙　　江	97.4	41.3	4 239	-1.0	-0.6	-1.36
安　　徽	170.7	47.4	2 777	1.7	0.7	1.52
福　　建	251.4	117.4	4 669	6.8	1.3	1.11
江　　西	135.1	57.1	4 224	-4.1	-2.5	-4.18
山　　东	247.3	189.3	7 655	8.9	3.0	1.59
河　　南	305.9	136.6	4 466	-9.5	0.5	0.36
湖　　北	274.3	97.4	3 551	36.4	12.6	14.86
湖　　南	254.4	118.0	4 638	1.8	3.8	3.33
广　　东	329.1	162.3	4 932	6.6	2.5	1.59
广　　西	244.5	56.2	2 298	10.2	-7.6	-11.96
海　　南	83.7	30.6	3 659	-2.1	-1.2	-3.71
重　　庆	710.3	292.1	4 113	16.4	7.7	2.71
四　　川	1 185.5	467.7	3 945	-0.3	5.6	1.21
贵　　州	894.8	174.1	1 946	18.6	-34.7	-16.62
云　　南	631.6	173.6	2 748	11.2	1.4	0.80
西　　藏	0.5	0.4	6 481	…	…	9.37
陕　　西	325.1	77.8	2 393	17.2	5.8	8.10
甘　　肃	645.5	185.2	2 869	1.9	-6.2	-3.24
青　　海	86.7	36.6	4 215	0.1	-1.8	-4.57
宁　　夏	221.9	42.5	1 915	4.3	3.4	8.80
新　　疆	37.0	20.5	5 542	14.3	0.5	2.50

各地区马铃薯播种面积和产量

地区	播种面积（千公顷）	总产量（万吨）	每公顷产量（千克）	比上年增减		
				播种面积（千公顷）	总产量	
					绝对量（万吨）	%
全国总计	**5 205.1**	**1 630.7**	**3 133**	**124.2**	**166.1**	**11.34**
北京						
天津						
河北	155.0	45.0	2 901	21.7	21.3	90.03
山西	170.2	21.2	1 247	0.5	1.9	9.66
内蒙古	681.1	167.3	2 457	17.3	10.2	6.46
辽宁	54.3	34.9	6 427	-8.4	5.3	17.91
吉林	85.9	72.5	8 441	-7.6	49.5	215.26
黑龙江	239.9	123.3	5 139	-31.3	33.9	37.87
上海						
江苏						
浙江	58.2	18.6	3 196	0.4	0.1	0.59
安徽	8.8	5.6	6 410	0.5	0.3	6.31
福建	73.6	26.5	3 596	2.5	…	-0.04
江西						
山东						
河南						
湖北	191.5	61.6	3 214	35.5	11.6	23.10
湖南	97.0	36.4	3 753	4.2	4.2	13.04
广东	45.0	21.8	4 856	7.4	4.6	26.77
广西	31.0	9.3	2 992	14.6	3.4	59.11
海南	0.1					
重庆	336.3	112.1	3 335	9.1	5.1	4.78
四川	574.7	235.6	4 100	15.4	25.3	12.03
贵州	645.8	141.4	2 190	10.9	-12.1	-7.86
云南	493.1	152.9	3 100	-1.0	1.1	0.72
西藏	0.5	0.4	6 481	0.1	…	9.37
陕西	275.9	60.9	2 207	15.9	5.7	10.31
甘肃	645.5	185.2	2 869	1.9	-6.2	-3.24
青海	86.7	36.6	4 215	0.1	-1.8	-4.57
宁夏	221.9	42.5	1 915	4.3	3.4	8.80
新疆	33.1	19.2	5 779	10.5	-0.9	-4.25

各地区油料作物播种面积和产量

地　区	播种面积（千公顷）	总产量（吨）	每公顷产量（千克）	比上年增减		
				播种面积（千公顷）	总产量	
					绝对量（吨）	%
全国总计	**13 889.6**	**32 301 308**	**2 326**	**235.7**	**758 415**	**2.40**
北　京	5.4	15 528	2 881	-0.7	-2 608	-14.38
天　津	2.2	6 437	2 939	0.2	1 025	18.94
河　北	464.4	1 402 880	3 021	-32.2	-29 811	-2.08
山　西	157.0	175 892	1 121	-13.0	5 704	3.35
内蒙古	693.6	1 281 483	1 848	-8.6	85 279	7.13
辽　宁	347.4	995 980	2 867	70.1	442 481	79.94
吉　林	303.1	704 449	2 324	60.1	200 473	39.78
黑龙江	167.2	275 324	1 647	-35.9	-6 254	-2.22
上　海	10.3	22 929	2 226	-5.2	-10 950	-32.32
江　苏	574.4	1 519 720	2 646	-19.0	-102 597	-6.32
浙　江	208.8	394 701	1 891	-1.4	-37 732	-8.73
安　徽	944.3	2 276 036	2 410	-24.6	-127 436	-5.30
福　建	111.7	266 442	2 386	1.2	3 780	1.44
江　西	731.7	1 075 715	1 470	15.3	55 475	5.44
山　东	815.9	3 421 584	4 193	28.3	76 463	2.29
河　南	1 564.1	5 407 248	3 457	22.9	77 448	1.45
湖　北	1 448.7	3 118 038	2 152	-6.3	-22 462	-0.72
湖　南	1 211.4	1 952 619	1 612	82.1	160 170	8.94
广　东	337.4	881 616	2 613	6.0	35 187	4.16
广　西	192.9	458 067	2 375	11.7	37 296	8.86
海　南	40.7	94 864	2 331	…	3 823	4.20
重　庆	255.0	444 499	1 743	18.0	39 111	9.65
四　川	1 218.9	2 685 235	2 203	13.5	67 589	2.58
贵　州	529.1	603 365	1 140	16.0	-183 417	-23.31
云　南	333.3	342 253	1 027	16.0	-159 309	-31.76
西　藏	24.0	58 647	2 442	-0.5	792	1.37
陕　西	301.2	560 750	1 861	5.8	16 962	3.12
甘　肃	345.7	640 537	1 853	-6.2	55 090	9.41
青　海	177.9	343 816	1 933	5.5	-22 200	-6.07
宁　夏	98.8	208 453	2 110	13.0	71 980	52.74
新　疆	273.4	666 200	2 437	3.3	27 063	4.23

各地区花生播种面积和产量

地区	播种面积（千公顷）	总产量（吨）	每公顷产量（千克）	比上年增减		
				播种面积（千公顷）	总产量	
					绝对量（吨）	%
全国总计	**4 527.3**	**15 643 871**	**3 455**	**150.8**	**935 943**	**6.36**
北京	5.0	15 042	2 990	-0.8	-2 696	-15.20
天津	1.4	5 002	3 573	0.5	1 602	47.12
河北	367.4	1 292 279	3 517	-22.3	-47 647	-3.56
山西	9.0	21 085	2 332	-0.8	-743	-3.40
内蒙古	16.5	28 812	1 751	-1.4	-279	-0.96
辽宁	332.4	961 477	2 893	71.8	426 780	79.82
吉林	135.4	370 861	2 739	12.9	65 762	21.55
黑龙江	22.7	49 266	2 175	-8.3	-9 459	-16.11
上海	0.9	2 458	2 762	-0.1	-315	-11.36
江苏	103.4	376 960	3 646	-2.1	-9 698	-2.51
浙江	19.0	53 708	2 827	-0.1	-172	-0.32
安徽	194.6	864 012	4 440	13.8	113 119	15.06
福建	99.1	250 291	2 527	1.0	4 140	1.68
江西	152.4	407 959	2 677	6.0	26 000	6.81
山东	805.0	3 390 438	4 212	30.2	81 568	2.47
河南	989.5	4 276 133	4 322	14.1	150 533	3.65
湖北	189.3	644 495	3 405	5.5	18 308	2.92
湖南	113.1	272 966	2 413	8.7	26 259	10.64
广东	328.5	871 254	2 652	6.4	34 986	4.18
广西	170.3	435 045	2 554	9.6	36 891	9.27
海南	38.2	92 334	2 420	0.1	3 849	4.35
重庆	49.3	90 527	1 836	1.5	8 031	9.74
四川	259.3	615 347	2 373	3.0	14 384	2.39
贵州	40.8	76 804	1 882	2.1	3 668	5.02
云南	49.0	70 074	1 430	0.1	-1 237	-1.73
西藏	0.1	245	2 450	…	119	94.58
陕西	31.2	89 844	2 884	…	-7 256	-7.47
甘肃	0.7	1 690	2 522	-0.1	-24	-1.40
青海						
宁夏	…	63	1 575			
新疆	4.0	17 400	4 350	-0.5	-594	-3.30

各地区油菜籽播种面积和产量

地区	播种面积（千公顷）	总产量（吨）	每公顷产量（千克）	比上年增减		
				播种面积（千公顷）	总产量	
					绝对量（吨）	%
全国总计	**7 369.7**	**13 081 860**	**1 775**	**91.7**	**-575 288**	**-4.21**
北　京	0.1	22	440			
天　津						
河　北	22.0	28 907	1 312	-0.4	-1 050	-3.51
山　西	6.1	6 360	1 048	-0.5	-578	-8.34
内蒙古	223.4	223 943	1 003	4.5	133	0.06
辽　宁	0.3	546	1 950	-0.1	-252	-31.58
吉　林						
黑龙江	0.8	1 846	2 251	-0.9	-1 079	-36.89
上　海	9.3	20 371	2 195	-5.0	-10 529	-34.07
江　苏	460.1	1 124 437	2 444	-16.2	-92 486	-7.60
浙　江	184.5	332 581	1 803	-1.3	-37 635	-10.17
安　徽	691.0	1 337 270	1 935	-30.8	-240 444	-15.24
福　建	11.2	14 521	1 293	0.3	-72	-0.49
江　西	547.0	638 423	1 167	8.5	28 804	4.72
山　东	9.5	26 609	2 792	-1.3	-4 135	-13.45
河　南	393.3	888 652	2 260	11.3	-42 048	-4.52
湖　北	1 159.7	2 325 700	2 005	-6.2	-39 400	-1.67
湖　南	1 088.9	1 666 214	1 530	72.8	132 474	8.64
广　东	6.8	8 003	1 171	-0.3	129	1.64
广　西	15.6	14 696	943	3.2	1 296	9.67
海　南						
重　庆	191.8	342 193	1 784	18.2	32 678	10.56
四　川	947.2	2 052 080	2 166	10.6	52 990	2.65
贵　州	479.2	516 189	1 077	12.3	-187 798	-26.68
云　南	269.8	259 822	963	16.2	-154 310	-37.26
西　藏	23.9	58 402	2 442	-0.5	673	1.17
陕　西	201.8	372 741	1 847	7.2	16 450	4.62
甘　肃	182.9	332 217	1 816	-5.9	1 125	0.34
青　海	173.2	337 323	1 948	2.9	-24 672	-6.82
宁　夏	0.2	392	1 782	0.1	208	113.04
新　疆	70.2	151 400	2 158	-6.8	-5 782	-3.68

各地区芝麻播种面积和产量

地区	播种面积（千公顷）	总产量（吨）	每公顷产量（千克）	比上年增减		
				播种面积（千公顷）	总产量	
					绝对量（吨）	%
全国总计	**447.1**	**586 649**	**1 312**	**-28.8**	**-35 308**	**-5.68**
北京	…	39	975	…	…	
天津	0.1	184	1 415	…	84	84.00
河北	7.9	10 546	1 340	-0.7	430	4.25
山西	4.5	4 301	966	-0.4	358	9.08
内蒙古	4.6	2 016	434	-1.7	-232	-10.32
辽宁	1.5	2 176	1 490	-0.3	1 361	166.99
吉林	8.4	12 460	1 489	0.3	4 280	52.32
黑龙江	0.5	540	1 019	-1.2	-1 847	-77.38
上海	0.1	100	769	…	-106	-51.46
江苏	10.8	18 074	1 674	-0.6	-390	-2.11
浙江	5.3	8 412	1 590	…	75	0.90
安徽	52.3	66 071	1 263	-7.1	-137	-0.21
福建	1.3	1 508	1 189	…	13	0.87
江西	31.6	28 434	900	0.8	808	2.92
山东	0.7	1 203	1 694	-0.2	-215	-15.16
河南	176.0	232 196	1 320	-1.5	-29 504	-11.27
湖北	92.5	139 290	1 506	-7.2	-2 810	-1.98
湖南	8.9	12 626	1 417	0.7	1 251	11.00
广东	2.1	2 359	1 139	-0.1	72	3.15
广西	5.2	5 861	1 121	0.3	265	4.74
海南	2.5	2 519	997	-0.1	-38	-1.48
重庆	7.7	6 839	886	-0.1	-643	-8.59
四川	3.7	4 741	1 292	-0.2	-55	-1.15
贵州	1.7	337	204	1.3	-53	-13.59
云南	0.2	165	720	…	-30	-15.44
西藏						
陕西	15.6	22 069	1 416	0.2	1 897	9.40
甘肃						
青海						
宁夏	0.3	83	296	-0.3	-43	-34.13
新疆	1.2	1 500	1 220	-11.0	-10 099	-87.07

各地区胡麻籽播种面积和产量

地区	播种面积（千公顷）	总产量（吨）	每公顷产量（千克）	比上年增减		
				播种面积（千公顷）	总产量	
					绝对量（吨）	%
全国总计	**324.4**	**352 812**	**1 088**	**-15.2**	**34 678**	**10.90**
北京						
天津						
河北	41.0	27 114	662	-8.2	11 281	71.25
山西	62.8	55 026	876	1.1	5 067	10.14
内蒙古	48.3	29 108	602	-0.2	26	0.09
辽宁						
吉林						
黑龙江						
上海						
江苏						
浙江						
安徽						
福建						
江西						
山东						
河南						
湖北						
湖南						
广东						
广西						
海南						
重庆						
四川						
贵州	…	8	2 000	…	-44	-84.62
云南	0.1	40	619	…	18	81.65
西藏						
陕西	2.9	3 321	1 130	-1.4	-1 750	-34.51
甘肃	105.5	151 492	1 437	-7.2	7 689	5.35
青海	4.7	6 493	1 390	2.5	2 472	61.48
宁夏	50.4	66 911	1 327	4.7	15 504	30.16
新疆	8.8	13 300	1 520	-3.7	-5 580	-29.56

各地区向日葵籽播种面积和产量

地　　区	播种面积（千公顷）	总产量（吨）	每公顷产量（千克）	比上年增减		
				播种面积（千公顷）	总产量	
					绝对量（吨）	%
全国总计	**984.0**	**2 297 979**	**2 335**	**25.0**	**342 338**	**17.51**
北　京	0.3	425	1 574	…	73	20.74
天　津	0.5	989	2 104	-0.4	-860	-46.51
河　北	23.9	37 613	1 577	0.1	6 638	21.43
山　西	43.0	57 025	1 325	-6.8	-20	-0.04
内蒙古	395.5	992 088	2 509	-6.7	91 604	10.17
辽　宁	12.0	20 507	1 713	-0.3	9 503	86.36
吉　林	150.1	290 971	1 938	49.5	118 539	68.75
黑龙江	56.8	104 870	1 846	-30.6	-13 609	-11.49
上　海						
江　苏	0.1	249	3 113	…	-23	-8.46
浙　江						
安　徽	…	10	1 000	…	-17	-62.96
福　建	…	58	1 300	…	-3	-4.92
江　西	0.8	899	1 110	…	-137	-13.22
山　东		81	4 050	…	-106	-56.68
河　南	5.4	10 267	1 898	-1.0	-1 533	-12.99
湖　北	6.7	7 451	1 119	1.2	476	6.82
湖　南	0.1	33	660	…	-14	-29.79
广　东						
广　西	1.8	2 465	1 401	-1.4	-1 156	-31.92
海　南						
重　庆	3.7	4 258	1 152	-0.3	123	2.97
四　川	2.6	3 530	1 358	…	-308	-8.03
贵　州	6.9	8 946	1 289	0.2	160	1.82
云　南	5.2	8 345	1 613	0.3	-1 065	-11.32
西　藏						
陕　西	32.5	49 396	1 520	-2.1	1 561	3.26
甘　肃	33.8	118 964	3 525	8.0	48 897	69.79
青　海						
宁　夏	37.6	137 339	3 651	6.5	56 410	69.70
新　疆	164.9	441 200	2 676	9.1	27 205	6.57

各地区棉花播种面积和产量

地区	播种面积（千公顷）	总产量（吨）	每公顷产量（千克）	比上年增减		
				播种面积（千公顷）	总产量	
					绝对量（吨）	%
全国总计	**4 848.7**	**5 961 132**	**1 229**	**-100.0**	**-415 644**	**-6.52**
北京	0.4	460	1 150	-0.2	-307	-40.03
天津	51.8	62 710	1 211	-3.8	-8 155	-11.51
河北	581.6	569 500	979	-38.4	-35 100	-5.81
山西	58.7	69 311	1 180	-11.4	-14 680	-17.48
内蒙古	0.9	1 122	1 261	…	-108	-8.78
辽宁	0.4	655	1 523	-0.4	-301	-31.49
吉林	3.3	5 151	1 566	1.7	3 193	163.07
黑龙江						
上海	2.4	3 518	1 454	1.1	901	34.43
江苏	235.7	260 827	1 107	-16.7	5 532	2.17
浙江	20.8	29 373	1 412	0.7	1 294	4.61
安徽	344.4	316 000	918	-7.4	-30 000	-8.67
福建	0.1	60	436	-0.2	-198	-76.74
江西	79.7	130 773	1 640	4.2	5 669	4.53
山东	766.4	724 133	945	-34.0	-197 087	-21.39
河南	467.3	447 206	957	-70.0	-70 246	-13.58
湖北	480.1	471 800	983	20.0	-8 730	-1.82
湖南	175.0	227 000	1 297	22.4	15 000	7.08
广东						
广西	2.2	2 070	928	…	3	0.15
海南						
重庆	0.1	93	628	…	-2	-2.11
四川	16.2	14 150	876	…	-710	-4.78
贵州	1.5	996	660	…	52	5.51
云南	0.3	392	1 237	-0.1	-6	-1.38
西藏						
陕西	50.9	69 240	1 361	-11.0	-16 606	-19.34
甘肃	47.9	75 592	1 578	-7.8	-19 852	-20.80
青海						
宁夏						
新疆	1 460.6	2 479 000	1 697	51.3	-45 200	-1.79

各地区麻类播种面积和产量

地区	播种面积（千公顷）	总产量（吨）	每公顷产量（千克）	比上年增减		
				播种面积（千公顷）	总产量	
					绝对量（吨）	%
全国总计	**132.7**	**317 469**	**2 393**	**-27.0**	**-70 505**	**-18.17**
北　京						
天　津						
河　北	0.3	677	2 184	…	-68	-9.13
山　西	0.2	227	1 515	-0.1	97	74.58
内蒙古	0.2	976	4 436	-0.8	-8 782	-90.00
辽　宁						
吉　林	0.3	234	709	-0.2	-284	-54.83
黑龙江	5.4	21 742	4 041	-6.2	-22 984	-51.39
上　海						
江　苏	0.9	2 037	2 315	-0.2	-580	-22.16
浙　江	0.1	404	3 108	…	-194	-32.44
安　徽	9.4	23 694	2 509	-0.1	944	4.15
福　建	0.1	350	2 881	…	38	12.18
江　西	6.4	10 194	1 595	-1.0	-544	-5.07
山　东	0.1	212	3 029	-0.1	-437	-67.33
河　南	7.4	38 825	5 218	-4.5	-7 387	-15.99
湖　北	16.3	32 580	2 002	-2.5	-5 652	-14.78
湖　南	26.1	64 233	2 459	-5.3	-12 628	-16.43
广　东	0.2	498	2 425	-0.1	-158	-24.09
广　西	5.1	12 236	2 395	…	2 345	23.71
海　南	0.2	997	6 389	…	17	1.74
重　庆	10.4	14 700	1 418	-1.0	-1 169	-7.37
四　川	35.6	64 086	1 802	-2.2	-1 757	-2.67
贵　州	0.6	851	1 319	-0.1	-70	-7.60
云　南	2.6	5 609	2 140	-1.6	-12 745	-69.44
西　藏						
陕　西	0.5	555	1 133	0.1	62	12.58
甘　肃	1.7	2 552	1 492	-0.5	-1 461	-36.41
青　海						
宁　夏						
新　疆	2.5	19 000	7 510	-0.5	2 900	18.01

各地区黄红麻播种面积和产量

地　　区	播种面积（千公顷）	总产量（吨）	每公顷产量（千克）	比上年增减		
				播种面积（千公顷）	总产量	
					绝对量（吨）	%
全国总计	**18.8**	**69 314**	**3 686**	**-5.2**	**-5 978**	**-7.94**
北　　京						
天　　津						
河　　北	0.3	648	2 234	…	-51	-7.30
山　　西						
内 蒙 古						
辽　　宁						
吉　　林						
黑 龙 江						
上　　海						
江　　苏						
浙　　江	0.1	324	3 600	…	-156	-32.50
安　　徽	4.3	12 428	2 903	0.1	601	5.08
福　　建	0.1	267	3 131	…	40	17.62
江　　西	0.2	1 123	5 348	…	222	24.64
山　　东	…	101	3 367	…	-180	-64.06
河　　南	7.4	38 374	5 221	-4.5	-7 228	-15.85
湖　　北	0.1	683	6 209	-0.2	-735	-51.83
湖　　南	0.4	815	2 329	0.2	298	57.64
广　　东	0.2	498	2 425	-0.1	-158	-24.09
广　　西	4.6	10 836	2 335	…	2 343	27.59
海　　南	0.2	997	6 389	…	17	1.74
重　　庆	0.1	102	1 417	-0.2	-155	-60.31
四　　川	0.9	2 109	2 268	-0.4	-635	-23.14
贵　　州	…	5	1 000	…	-18	-78.26
云　　南	…	4	2 200	…	-1	-12.00
西　　藏						
陕　　西						
甘　　肃						
青　　海						
宁　　夏						
新　　疆						

各地区苎麻播种面积和产量

地　　区	播种面积（千公顷）	总产量（吨）	每公顷产量（千克）	比上年增减		
				播种面积（千公顷）	总产量	
					绝对量（吨）	%
全国总计	**97.6**	**189 362**	**1 939**	**-12.2**	**-22 311**	**-10.54**
北　　京						
天　　津						
河　　北						
山　　西						
内 蒙 古						
辽　　宁						
吉　　林						
黑 龙 江						
上　　海						
江　　苏	0.9	2 037	2 315	-0.1	-398	-16.34
浙　　江		80	2 000	-0.1	-38	-32.20
安　　徽	2.8	4 287	1 542	-0.7	-1 344	-23.87
福　　建	…	83	2 293	…	…	
江　　西	6.2	9 071	1 468	-1.0	-766	-7.79
山　　东						
河　　南						
湖　　北	16.2	31 897	1 974	-2.2	-4 917	-13.36
湖　　南	25.7	63 318	2 460	-5.5	-12 926	-16.95
广　　东						
广　　西	0.5	1 400	2 979	…	2	0.14
海　　南						
重　　庆	10.3	14 504	1 412	-0.7	-825	-5.38
四　　川	34.5	61 842	1 791	-1.8	-1 097	-1.74
贵　　州	0.4	630	1 654	…	-56	-8.16
云　　南	…	22	864	…	-5	-19.70
西　　藏						
陕　　西	0.2	191	1 273	…	-24	-11.16
甘　　肃						
青　　海						
宁　　夏						
新　　疆						

各地区大麻（线麻）播种面积和产量

地　区	播种面积（千公顷）	总产量（吨）	每公顷产量（千克）	比上年增减		
				播种面积（千公顷）	总产量	
					绝对量（吨）	%
全国总计	**5.1**	**10 863**	**2 125**	**-0.8**	**-1 495**	**-12.10**
北　京						
天　津						
河　北	…	24		…	-13	-35.14
山　西	0.2	224	1 495	…	97	76.34
内 蒙 古	0.1	59	1 180	…	10	20.41
辽　宁						
吉　林	0.3	134	462	-0.2	-295	-68.76
黑 龙 江	0.1	14	108	-0.1	-546	-97.50
上　海						
江　苏						
浙　江						
安　徽	2.2	6 564	3 017	0.4	1 587	31.89
福　建						
江　西						
山　东	…	80	2 667	…	-288	-78.26
河　南	…	163	4 075	…	-447	-73.28
湖　北						
湖　南						
广　东						
广　西						
海　南						
重　庆						
四　川						
贵　州	0.1	95	1 022	…	-5	-5.00
云　南	0.1	618	5 999	-0.3	-317	-33.93
西　藏						
陕　西	0.3	336	1 050	0.2	192	133.33
甘　肃	1.7	2 552	1 492	-0.5	-1 461	-36.41
青　海						
宁　夏						
新　疆						

各地区亚麻播种面积和产量

地区	播种面积（千公顷）	总产量（吨）	每公顷产量（千克）	比上年增减		
				播种面积（千公顷）	总产量	
					绝对量（吨）	%
全国总计	**8.7**	**44 562**	**5 148**	**-9.1**	**-40 925**	**-47.87**
北京						
天津						
河北						
山西						
内蒙古	0.2	903	5 644	-0.7	-8 779	-90.67
辽宁						
吉林	…	100	2 500	…	11	12.36
黑龙江	5.3	21 728	4 139	-6.0	-22 438	-50.80
上海						
江苏						
浙江						
安徽						
福建						
江西						
山东						
河南						
湖北						
湖南	…	100				
广东						
广西						
海南						
重庆						
四川	…	1	200	…	-11	-91.67
贵州	0.2	112	687	…	11	10.89
云南	0.5	2 618	5 466	-1.8	-12 616	-82.81
西藏						
陕西						
甘肃						
青海						
宁夏						
新疆	2.5	19 000	7 510	-0.6	2 900	18.01

各地区糖料播种面积和产量

地区	播种面积（千公顷）	总产量（吨）	每公顷产量（千克）	比上年增减		
				播种面积（千公顷）	总产量	
					绝对量（吨）	%
全国总计	**1 905.0**	**120 084 889**	**63 036**	**21.2**	**-2 680 774**	**-2.18**
北京						
天津						
河北	14.1	489 781	34 810	1.6	182 468	59.38
山西	4.9	225 768	46 169	0.7	71 577	46.42
内蒙古	36.8	1 609 646	43 705	3.8	513 858	46.89
辽宁	1.1	48 728	45 970	-0.8	-13 213	-21.33
吉林	3.3	77 481	23 479	0.9	11 205	16.91
黑龙江	77.9	1 750 000	22 476	14.0	650 000	59.09
上海	0.4	27 450	66 951	0.2	11 188	68.80
江苏	1.8	102 684	57 688	-0.2	-13 761	-11.82
浙江	12.0	742 873	61 700	-1.1	-70 739	-8.69
安徽	5.7	223 707	39 069	…	5 744	2.64
福建	9.8	615 513	62 491	-0.4	-43 031	-6.53
江西	13.6	590 981	43 583	…	-31 041	-4.99
山东				0.1	576	-100.00
河南	3.9	261 158	66 622	-0.7	-21 583	-7.63
湖北	8.1	323 645	40 204	-2.3	-20 625	-5.99
湖南	15.3	765 952	49 997	…	-15 666	-2.00
广东	154.9	13 001 488	83 956	3.0	466 348	3.72
广西	1 069.3	71 196 185	66 583	9.2	-3 898 168	-5.19
海南	60.1	3 853 656	64 172	-14.6	-938 102	-19.58
重庆	3.1	116 833	37 315	0.1	1 166	1.01
四川	19.7	936 381	47 605	-0.3	-5 020	-0.53
贵州	13.7	522 626	38 051	-2.7	-120 281	-18.71
云南	295.2	17 509 698	59 320	-1.1	-104 470	-0.59
西藏						
陕西	0.1	2 017	28 814	…	355	21.36
甘肃	5.1	220 150	43 594	0.6	15 945	7.81
青海	…	439	14 633	…	-161	-26.83
宁夏	…	373	12 433	…	233	166.43
新疆	75.3	4 869 676	64 688	11.5	685 576	16.39

各地区甘蔗播种面积和产量

地区	播种面积（千公顷）	总产量（吨）	每公顷产量（千克）	比上年增减		
				播种面积（千公顷）	总产量	
					绝对量（吨）	%
全国总计	**1 686.3**	**110 788 737**	**65 700**	**-11.2**	**-4 797 969**	**-4.15**
北京						
天津						
河北						
山西						
内蒙古						
辽宁						
吉林						
黑龙江						
上海	0.4	27 450	66 951	0.2	11 188	68.80
江苏	1.7	101 742	59 848	-0.3	-14 403	-12.40
浙江	12.0	742 873	61 700	-1.1	-70 739	-8.69
安徽	5.7	223 699	39 074	…	5 739	2.63
福建	9.8	615 513	62 491	-0.4	-43 031	-6.53
江西	13.6	590 981	43 583	…	-31 041	-4.99
山东						
河南	3.9	261 158	66 622	-0.7	-21 583	-7.63
湖北	8.1	323 645	40 204	-2.3	-20 625	-5.99
湖南	15.3	765 952	49 997	0.0	-15 666	-2.00
广东	154.9	13 001 488	83 956	3.0	466 348	3.72
广西	1 069.3	71 196 185	66 583	9.2	-3 898 168	-5.19
海南	60.1	3 853 656	64 172	-14.6	-938 102	-19.58
重庆	3.1	116 833	37 315	0.1	1 166	1.01
四川	19.5	933 958	47 920	-0.4	-5 270	-0.56
贵州	13.7	522 381	38 133	-2.7	-120 272	-18.71
云南	295.1	17 509 206	59 328	-1.1	-103 930	-0.59
西藏						
陕西	0.1	2 017	28 814	…	420	26.30
甘肃						
青海						
宁夏						
新疆						

各地区甜菜播种面积和产量

地　　区	播种面积（千公顷）	总产量（吨）	每公顷产量（千克）	比上年增减		
				播种面积（千公顷）	总产量	
					绝对量（吨）	%
全国总计	**218.7**	**9 296 152**	**42 498**	**32.4**	**2 117 195**	**29.49**
北　　京						
天　　津						
河　　北	14.1	489 781	34 810	1.6	182 468	59.38
山　　西	4.9	225 768	46 169	0.7	71 577	46.42
内 蒙 古	36.8	1 609 646	43 707	3.8	513 858	46.89
辽　　宁	1.1	48 728	45 970	-0.8	-13 213	-21.33
吉　　林	3.3	77 481	23 479	0.9	11 205	16.91
黑 龙 江	77.9	1 750 000	22 476	14.0	650 000	59.09
上　　海						
江　　苏	0.1	942	11 775	0.1	642	214.00
浙　　江						
安　　徽	…	8	8 000	…	5	166.67
福　　建						
江　　西						
山　　东				-0.1	-576	-100.00
河　　南						
湖　　北						
湖　　南						
广　　东						
广　　西						
海　　南						
重　　庆						
四　　川	0.2	2 423	13 461	…	250	11.50
贵　　州	…	245	6 806	…	-9	-3.54
云　　南	…	492	10 248	…	-540	-52.31
西　　藏						
陕　　西				…	-65	-100.00
甘　　肃	5.1	220 150	43 594	0.6	15 945	7.81
青　　海	…	439	14 633	…	-161	-26.83
宁　　夏	…	373	12 433	…	233	166.43
新　　疆	75.3	4 869 676	64 688	11.5	685 576	16.39

各地区烟叶播种面积和产量

地区	播种面积（千公顷）	总产量（吨）	每公顷产量（千克）	比上年增减		
				播种面积（千公顷）	总产量	
					绝对量（吨）	%
全国总计	**1 344.6**	**3 003 689**	**2 234**	**-46.9**	**-62 088**	**-2.03**
北京	…	7		…	2	40.00
天津						
河北	3.0	6 505	2 205	…	-145	-2.18
山西	3.4	12 002	3 551	-0.4	2 339	24.20
内蒙古	4.1	15 119	3 697	-0.1	3 350	28.46
辽宁	10.9	28 560	2 618	-1.6	-2 971	-9.42
吉林	24.0	72 303	3 011	0.7	5 842	8.79
黑龙江	37.4	95 803	2 562	0.1	12 905	15.57
上海						
江苏	0.2	518	2 158	…	-14	-2.63
浙江	1.4	3 172	2 350	-0.2	-517	-14.01
安徽	10.9	29 816	2 731	0.5	402	1.37
福建	64.9	125 646	1 937	-4.2	-19 912	-13.68
江西	17.6	37 591	2 131	-0.5	-5 742	-13.25
山东	25.0	69 214	2 767	-20.7	-47 684	-40.79
河南	122.2	287 468	2 353	-4.9	-9 881	-3.32
湖北	62.3	123 827	1 988	-12.3	-28 242	-18.57
湖南	96.4	222 155	2 305	0.1	4 356	2.00
广东	23.9	55 097	2 308	-0.9	1 471	2.74
广西	15.9	26 808	1 690	-4.2	-10 626	-28.39
海南						
重庆	42.7	81 030	1 896	-9.8	-18 875	-18.89
四川	108.1	245 311	2 270	-13.4	-14 338	-5.52
贵州	195.8	391 088	1 997	-2.0	773	0.20
云南	438.5	991 378	2 261	32.8	74 497	8.13
西藏						
陕西	31.4	67 706	2 160	-5.5	-7 308	-9.74
甘肃	4.1	12 251	3 017	-0.3	-86	-0.70
青海	0.2	747	4 394	…	-1 103	-59.62
宁夏	0.5	2 350	5 109	…	247	11.75
新疆	0.1	217	1 550	-0.5	-828	-79.23

各地区烤烟播种面积和产量

地区	播种面积（千公顷）	总产量（吨）	每公顷产量（千克）	比上年增减		
				播种面积（千公顷）	总产量	
					绝对量（吨）	%
全国总计	**1 230.8**	**2 731 342**	**2 219**	**-34.3**	**-82 866**	**-2.94**
北京						
天津						
河北	1.9	3 201	1 659	-0.5	-881	-21.58
山西	3.4	7 552	2 234	-0.2	-1 694	-18.32
内蒙古	2.8	12 165	4 329	-0.1	2 500	25.87
辽宁	9.8	24 505	2 501	-1.6	-4 650	-15.95
吉林	13.7	31 434	2 289	0.9	-3 093	-8.96
黑龙江	32.4	84 945	2 622	0.1	11 753	16.06
上海						
江苏	…	70		…	-14	-16.67
浙江						
安徽	10.7	29 145	2 735	0.4	263	0.91
福建	64.3	124 527	1 937	-4.2	-20 091	-13.89
江西	17.0	36 198	2 132	-0.5	-5 213	-12.59
山东	24.5	67 384	2 750	-20.8	-48 635	-41.92
河南	122.1	287 417	2 355	10.4	-9 879	-3.32
湖北	40.8	78 324	1 922	-15.1	-30 626	-28.11
湖南	92.9	212 636	2 290	-0.1	2 661	1.27
广东	21.6	49 317	2 286	-1.0	1 307	2.72
广西	12.0	20 259	1 694	-4.4	-10 994	-35.18
海南						
重庆	34.9	63 880	1 830	-9.0	-18 372	-22.34
四川	88.2	194 196	2 201	-14.0	-16 244	-7.72
贵州	183.2	370 186	2 021	-1.8	1 030	0.28
云南	419.9	953 963	2 272	32.4	73 689	8.37
西藏						
陕西	31.1	67 331	2 168	-4.9	-5 752	-7.87
甘肃	3.1	10 140	3 240	-0.4	-24	-0.24
青海						
宁夏	0.5	2 350	5 109	…	247	11.75
新疆	0.1	217	1 550	-0.5	-153	-41.35

各地区蔬菜类播种面积和产量

地　　区	播种面积（千公顷）	总产量（万吨）	每公顷产量（千克）	比上年增减		
				播种面积（千公顷）	总产量	
					绝对量（万吨）	%
全国总计	**18 999.9**	**65 099.4**	**34 263**	**610.1**	**3 275.6**	**5.30**
北　　京	67.5	303.0	44 860	-0.9	-14.1	-4.46
天　　津	84.9	419.3	49 418	4.0	45.5	12.16
河　　北	1 138.6	7 073.6	62 127	37.6	331.5	4.92
山　　西	228.5	909.1	39 790	7.9	15.9	1.79
内 蒙 古	263.6	1 350.9	51 252	-5.1	-29.7	-2.15
辽　　宁	430.2	2 668.2	62 024	27.5	63.8	2.45
吉　　林	245.5	1 078.7	43 941	13.7	110.3	11.39
黑 龙 江	184.5	723.8	39 236	-3.1	22.7	3.23
上　　海	132.1	398.1	30 146	3.9	4.0	1.02
江　　苏	1 229.8	4 234.0	34 429	82.2	396.2	10.32
浙　　江	618.6	1 788.8	28 917	-0.3	24.0	1.36
安　　徽	774.2	2 137.4	27 609	28.8	109.3	5.39
福　　建	666.9	1 563.3	23 442	13.6	41.8	2.75
江　　西	521.2	1 115.3	21 399	11.5	26.7	2.45
山　　东	1 770.8	9 030.7	50 998	14.8	93.5	1.05
河　　南	1 704.1	6 624.3	38 873	11.8	253.9	3.99
湖　　北	1 020.8	3 131.5	30 676	-58.4	152.0	5.10
湖　　南	1 133.1	3 122.9	27 560	69.5	278.7	9.80
广　　东	1 179.8	2 718.6	23 043	41.4	151.4	5.90
广　　西	1 007.6	2 129.4	21 134	29.6	66.4	3.22
海　　南	214.6	442.4	20 616	12.4	32.4	7.90
重　　庆	589.1	1 309.5	22 230	36.9	132.1	11.22
四　　川	1 166.2	3 408.3	29 225	36.7	181.0	5.61
贵　　州	647.9	1 202.0	18 552	48.3	122.6	11.36
云　　南	671.3	1 255.0	18 697	48.4	16.8	1.36
西　　藏	21.3	58.1	27 248	0.9	3.0	5.46
陕　　西	444.0	1 384.0	31 172	15.3	126.4	10.05
甘　　肃	395.0	1 235.5	31 280	23.3	90.1	7.87
青　　海	43.5	141.6	32 572	8.2	22.8	19.15
宁　　夏	101.4	407.4	40 187	8.3	53.4	15.09
新　　疆	303.6	1 734.4	57 129	41.4	351.2	25.39

各地区瓜果类播种面积和产量

地　　区	播种面积（千公顷）	总产量（万吨）	每公顷产量（千克）	比上年增减		
				播种面积（千公顷）	总产量	
					绝对量（万吨）	%
全国总计	**2 389.4**	**8 536.2**	**35 726**	**56.2**	**387.1**	**4.75**
北　京	7.8	34.2	43 763	0.2	-0.5	-1.31
天　津	5.8	28.8	49 690	-1.4	-6.5	-18.38
河　北	104.1	500.7	48 107	4.1	26.1	5.51
山　西	23.0	66.4	28 923	-2.2	-0.2	-0.36
内蒙古	62.6	240.9	38 479	10.0	61.7	34.43
辽　宁	48.6	211.5	43 553	1.9	33.1	18.58
吉　林	52.5	153.0	29 152	-0.8	-36.5	-19.25
黑龙江	68.6	233.0	33 956	-5.5	14.7	6.71
上　海	17.3	57.8	33 412	-1.4	-1.8	-2.95
江　苏	137.5	501.5	36 481	2.9	21.2	4.42
浙　江	107.8	318.8	29 578	-2.4	-8.1	-2.48
安　徽	165.7	569.6	34 379	5.1	39.6	7.47
福　建	35.6	78.3	21 970	0.4	-2.7	-3.29
江　西	72.7	171.3	23 562	1.4	0.9	0.53
山　东	280.7	1 354.9	48 265	5.9	45.8	3.50
河　南	341.8	1 598.0	46 759	15.4	125.8	8.55
湖　北	104.3	341.4	32 747	7.6	16.4	5.06
湖　南	131.8	327.5	24 846	4.2	11.6	3.67
广　东	41.6	107.2	25 761	2.0	8.2	8.32
广　西	99.0	252.6	25 518	10.5	16.5	7.01
海　南	31.7	89.7	28 286	0.7	7.3	8.80
重　庆	22.7	35.9	15 820	0.1	3.8	11.67
四　川	49.9	123.4	24 718	1.4	2.2	1.80
贵　州	25.1	53.9	21 425	-0.6	-1.7	-3.00
云　南	24.9	56.3	22 560	7.2	17.4	44.67
西　藏	0.2	1.2	81 707	…	0.9	240.26
陕　西	70.4	238.0	33 818	5.5	22.4	10.37
甘　肃	52.1	189.1	36 307	2.2	6.8	3.71
青　海	0.6	2.4	41 398	0.1	0.5	27.56
宁　夏	80.4	163.9	20 398	1.4	18.3	12.54
新　疆	122.8	435.0	35 429	-20.7	-56.2	-11.44

各地区西瓜播种面积和产量

地　　区	播种面积（千公顷）	总产量（万吨）	每公顷产量（千克）	比上年增减		
				播种面积（千公顷）	总产量	
					绝对量（万吨）	%
全国总计	**1 812.5**	**6 818.1**	**37 617**	**48.7**	**339.6**	**5.24**
北　　京	7.0	32.1	46 090	0.1	-0.7	-2.08
天　　津	4.4	24.0	54 384	-1.1	-6.7	-21.82
河　　北	74.4	387.8	52 103	3.0	18.7	5.07
山　　西	19.0	54.2	28 619	-1.9	-2.9	-5.11
内 蒙 古	40.6	176.4	43 430	9.0	59.4	50.77
辽　　宁	22.8	114.1	49 957	-2.0	11.3	11.01
吉　　林	31.5	98.2	31 183	-1.3	-30.9	-23.95
黑 龙 江	38.2	152.5	39 951	-3.0	4.5	3.01
上　　海	13.0	46.1	35 332	-1.3	-1.6	-3.32
江　　苏	97.1	391.8	40 354	-0.2	11.8	3.09
浙　　江	86.9	273.3	31 445	-3.1	-8.2	-2.91
安　　徽	131.9	479.2	36 320	1.1	26.2	5.79
福　　建	28.5	63.9	22 425	-0.1	-3.5	-5.20
江　　西	62.9	151.6	24 113	1.3	2.1	1.42
山　　东	213.0	1 085.3	50 947	4.1	40.1	3.83
河　　南	284.6	1 389.2	48 819	10.8	109.8	8.58
湖　　北	88.7	297.6	33 572	11.2	18.8	6.73
湖　　南	112.4	290.3	25 835	3.9	7.9	2.80
广　　东	30.3	79.9	26 369	2.7	8.3	11.52
广　　西	87.6	231.0	26 380	9.0	13.8	6.35
海　　南	20.9	63.8	30 550	-1.6	1.8	2.86
重　　庆	20.7	33.6	16 213	1.4	3.7	12.26
四　　川	40.4	108.4	26 837	1.8	4.5	4.33
贵　　州	18.9	48.4	25 534	…	-1.0	-2.08
云　　南	21.1	48.2	22 830	7.1	16.9	53.76
西　　藏	0.1	1.2	86 907	…	0.9	241.29
陕　　西	51.4	190.0	36 957	2.8	15.0	8.58
甘　　肃	38.1	141.9	37 207	-1.6	-3.9	-2.69
青　　海	0.5	2.2	43 957	0.1	0.3	17.80
宁　　夏	72.7	150.4	20 683	-1.1	16.3	12.17
新　　疆	52.8	211.4	40 045	-3.4	7.1	3.50

各地区甜瓜播种面积和产量

地　　区	播种面积（千公顷）	总产量（万吨）	每公顷产量（千克）	比上年增减		
				播种面积（千公顷）	总产量	
					绝对量（万吨）	%
全国总计	**393.3**	**1 226.7**	**31 194**	**3.5**	**11.4**	**0.94**
北　　京	0.3	1.3	42 490	…	0.1	10.35
天　　津	0.8	3.4	39 896	0.1	0.8	33.46
河　　北	15.4	65.7	42 619	0.9	8.8	15.56
山　　西	3.4	6.0	17 634	-0.5	-2.6	-29.90
内 蒙 古	17.9	57.9	32 336	2.5	9.0	18.45
辽　　宁	13.4	48.2	35 994	2.6	9.7	25.26
吉　　林	19.6	48.1	24 511	0.2	-10.0	-17.17
黑 龙 江	23.5	62.2	26 443	-1.7	6.7	12.11
上　　海	3.1	9.4	30 217	-0.3	-0.6	-5.56
江　　苏	21.2	59.4	28 028	1.4	4.2	7.63
浙　　江	8.9	21.2	23 765	…	…	0.09
安　　徽	14.2	43.6	30 770	-0.1	-0.3	-0.78
福　　建	4.1	8.4	20 470	0.2	-0.5	-5.52
江　　西	5.1	10.8	21 236	0.1	…	-0.03
山　　东	44.3	182.4	41 140	0.9	4.3	2.42
河　　南	49.5	185.8	37 563	3.5	21.3	12.94
湖　　北	14.0	41.7	29 821	0.2	-2.1	-4.88
湖　　南	16.6	34.5	20 718	0.2	3.5	11.38
广　　东	4.8	10.5	21 917	-0.1	0.4	3.96
广　　西	10.9	21.0	19 244	1.4	2.7	14.62
海　　南	2.9	7.4	25 799	1.1	3.8	104.00
重　　庆	0.1	0.2	19 337	…	…	-0.98
四　　川	1.1	1.7	16 638	-0.1	-0.3	-13.92
贵　　州	2.3	2.5	10 792	0.4	0.5	24.58
云　　南	0.9	1.1	13 052	0.1	-0.5	-32.19
西　　藏						
陕　　西	14.0	41.4	29 630	3.9	11.5	38.54
甘　　肃	4.6	16.0	35 027	1.4	2.8	21.28
青　　海						
宁　　夏	7.0	12.4	17 755	2.3	1.7	16.31
新　　疆	69.4	222.6	32 053	-17.3	-63.7	-22.26

各地区草莓播种面积和产量

地区	播种面积（千公顷）	总产量（万吨）	每公顷产量（千克）	比上年增减		
				播种面积（千公顷）	总产量	
					绝对量（万吨）	%
全国总计	**91.2**	**233.0**	**25 545**	**1.1**	**12.4**	**5.62**
北京	0.5	0.7	13 755	0.2	0.2	30.11
天津	…	…	26 400			
河北	12.0	38.2	31 737	-0.4	-3.1	-7.45
山西	0.2	0.8	31 920	0.1	0.4	125.35
内蒙古	1.8	0.1	334	-1.6	-6.0	-99.03
辽宁	11.4	39.5	34 715	1.8	7.0	21.64
吉林	0.9	0.9	10 803	…	…	1.01
黑龙江	3.7	11.2	29 960	0.5	0.7	6.66
上海	1.1	2.3	19 974	0.1	0.3	17.90
江苏	8.3	20.6	24 849	2.3	7.7	60.32
浙江	3.7	8.7	23 560	0.2	0.6	7.73
安徽	10.9	24.4	22 444	1.8	5.5	29.46
福建	0.7	1.4	19 822	…	…	0.84
江西	0.4	0.5	13 836	-0.1	-0.1	-18.08
山东	14.8	49.0	33 050	0.1	-0.5	-1.07
河南	4.8	12.7	26 407	0.4	0.5	4.37
湖北	1.0	1.4	14 616	-4.5	-0.8	-36.57
湖南	2.8	2.7	9 765	0.1	0.2	6.48
广东	0.9	1.7	18 079	-0.1	…	-2.55
广西	0.5	0.6	12 089	0.1	0.1	12.58
海南	…	…				
重庆	1.0	0.9	8 463	0.2	0.2	35.99
四川	4.8	7.3	15 411	-0.3	-1.0	-11.79
贵州	1.2	1.3	11 050	0.3	0.3	31.50
云南	0.4	0.6	15 207	-0.1	-0.4	-38.90
西藏		0.0				
陕西	2.0	3.2	15 966	-0.1	0.2	8.50
甘肃	0.7	1.0	13 606	…	-0.2	-17.29
青海						
宁夏	…	0.2	50 725	-0.1	…	32.44
新疆	0.6	1.1	18 822	…	0.4	54.92

各地区药材和其他作物播种面积

单位：千公顷

地　区	药　材	比上年增长（%）	其他作物	比上年增长（%）	青饲料	比上年增长(%)
全国总计	**1 242.0**	**5.18**	**6 046.8**	**6.37**	**1 882.3**	**-8.96**
北　京	2.9	4.27	9.7	17.94	3.5	59.63
天　津			2.9	-4.98	0.7	-21.35
河　北	28.4	4.34	101.9	-3.35	64.3	-3.86
山　西	21.8	2.11	27.3	-9.49	21.8	-7.58
内蒙古	26.5	-1.34	415.5	0.29	309.8	-3.00
辽　宁	21.0	-0.47	34.9	9.09	4.7	-4.52
吉　林	30.0	-5.10	67.3	7.76	1.8	15.38
黑龙江	36.7	18.76	123.9	-4.49	65.6	-4.17
上　海	0.5	-2.17	59.1	53.84	7.6	44.38
江　苏	11.5	-8.45	145.6	2.22	29.9	7.83
浙　江	30.6	6.33	208.8	-1.43	8.6	-8.65
安　徽	64.0	16.27	118.4	-4.04	31.2	-12.85
福　建	12.0	4.41	137.3	0.39	54.9	-0.39
江　西	20.1	-5.71	355.5	5.08	68.9	-7.49
山　东	28.9	-2.60	45.6	-15.42	1.1	-78.73
河　南	121.9	3.48	175.9	26.25	7.5	-46.05
湖　北	101.6	17.78	687.2	193.62		-100.00
湖　南	62.5	15.96	555.4	0.97	216.8	4.90
广　东	11.1	17.39	243.7	0.84	60.0	-0.10
广　西	59.0	10.51	384.8	3.90	24.0	25.14
海　南	3.7	5.29	45.6	-2.39	0.4	17.72
重　庆	71.2	12.93	121.1	-11.45	78.1	-6.11
四　川	95.1	2.69	367.2	-4.79	223.8	-3.42
贵　州	28.1	9.83	407.6	-1.87	129.5	10.91
云　南	58.4	17.84	338.4	-21.23	160.1	-8.48
西　藏			24.5	19.24	19.2	-3.13
陕　西	89.3	0.25	38.2	-11.12	25.3	-20.30
甘　肃	165.4	0.13	178.5	-7.63	106.9	-11.86
青　海	10.7	2 284.44	39.6	33.92	37.9	34.24
宁　夏	9.3	-16.35	113.5	-12.94	58.9	-11.83
新　疆	20.0	-48.67	471.8	-9.27	59.8	-34.66

全国茶叶、水果产量和面积增减情况（一）

项目	2010年	2009年	2010年比2009年增减	
			绝对量	%
茶叶总产量（吨）	**1 475 069**	**1 358 642**	**116 427**	**8.57**
绿茶	1 046 382	1 006 302	40 080	3.98
青茶	179 951	159 062	20 889	13.13
红茶	68 134	71 944	-3 810	-5.30
黑茶	41 430	45 096	-3 666	-8.13
黄茶	394			
白茶	12 212			
其他茶	126 566	76 236	50 330	66.02
园林水果总产量（吨）	**128 652 317**	**122 463 930**	**6 188 387**	**5.05**
苹果	33 263 290	31 680 788	1 582 502	5.00
红富士	22 893 979	21 799 659	1 094 319	5.02
国光	1 639 798	1 659 619	-19 821	-1.19
梨	15 057 084	14 262 979	794 106	5.57
雪花梨	2 782 414	2 314 715	467 698	20.21
鸭梨	2 544 178	2 367 180	176 998	7.48
柑橘类	26 452 447	25 211 024	1 241 423	4.92
柑	8 280 402	8 029 360	251 042	3.13
橘	10 112 131	9 594 527	517 604	5.39
橙	4 891 454	4 633 407	258 047	5.57
柚	2 825 815	2 677 017	148 798	5.56
热带亚热带水果	15 456 835	14 459 168	997 667	6.90
香蕉	9 560 522	8 833 904	726 618	8.23
菠萝	1 076 042	1 042 563	33 479	3.21

全国茶叶、水果产量和面积增减情况（二）

项　　目	2010 年	2009 年	2010 年比 2009 年增减	
			绝对量	%
荔枝	1 773 945	1 695 586	78 359	4. 62
龙眼	1 312 119	1 259 799	52 320	4. 15
其他园林水果	38 422 661	34 915 345	3 507 316	10. 05
桃	10 456 018	10 040 200	415 818	4. 14
猕猴桃	1 069 794	875 125	194 669	22. 24
葡萄	8 548 946	7 940 612	608 334	7. 66
红枣	4 468 335	4 247 773	220 562	5. 19
柿子	2 875 565	2 834 165	41 400	1. 46
年末实有茶园面积（千公顷）	**1 970. 2**	**1 848. 5**	**121. 6**	**6. 58**
本年采摘面积	1 426. 1	1 328. 0	98. 1	7. 39
年末果园面积（千公顷）	**11 543. 9**	**11 139. 5**	**404. 3**	**3. 63**
苹果园	2 139. 9	2 049. 1	90. 8	4. 43
梨园	1 063. 1	1 074. 3	-11. 2	-0. 01
柑橘园	2 211. 0	2 160. 3	50. 7	6. 37
香蕉园	357. 3	338. 8	18. 6	6. 59
菠萝园	52. 4	53. 9	-1. 5	0. 76
荔枝园	552. 6	557. 2	-4. 6	-0. 83
桃园	719. 4	703. 3	16. 1	2. 29
猕猴桃园	106. 8	89. 5	17. 3	19. 37
葡萄园	552. 0	493. 4	58. 5	11. 86

各地区茶叶产量和茶园面积（一）

地区	茶叶总产量（吨）					
		绿茶	青茶	红茶	黑茶	黄茶
全国总计	**1 475 069**	**1 046 382**	**179 951**	**68 134**	**41 430**	**394**
北京						
天津						
河北						
山西	3					
内蒙古						
辽宁						
吉林						
黑龙江						
上海						
江苏	14 861	12 272		2 348		
浙江	162 746	157 060		1 275	2 941	
安徽	83 276	76 984	59	4 127		201
福建	272 616	102 438	147 789	13 473		
江西	29 808	22 867	998	4 167	46	5
山东	11 924	11 924				
河南	42 732	38 828		3 904		
湖北	165 709	137 120		15 413		
湖南	117 678	60 714	3 805	16 554	24 899	17
广东	53 319	23 419	23 239	1 076		8
广西	39 158	32 733	104	532	492	
海南	1 227	1 105		76		
重庆	25 237	18 766	352	2 817		
四川	169 276	134 621	3 334	1 510	13 048	162
贵州	52 262	41 009	60	862	4	1
云南	207 341	148 632	211			
西藏	8	2				
陕西	25 052	25 052				
甘肃	836	836				
青海						
宁夏						
新疆						

各地区茶叶产量和茶园面积（二）

地　　区	茶叶总产量（吨）		年末实有			
	白　茶	其他茶	茶园面积（千公顷）	比上年增长（%）	本年采摘面　积	比上年增长（%）
全国总计	**12 212**	**126 566**	**1 970. 2**	**6. 58**	**1 426. 1**	**7. 39**
北　京						
天　津						
河　北						
山　西		3				
内蒙古						
辽　宁						
吉　林						
黑龙江						
上　海						
江　苏		241	32. 4	3. 18	27. 6	7. 58
浙　江		1 470	177. 9	1. 14	159. 9	1. 00
安　徽		1 905	133. 5	3. 65	119. 6	6. 17
福　建	6 309	2 607	201. 2	3. 26	178. 3	2. 86
江　西	56	1 669	56. 8	11. 71	43. 2	7. 18
山　东			18. 3	17. 60	12. 1	9. 19
河　南			65. 2	8. 95	59. 9	17. 40
湖　北		13 176	214. 6	3. 97	155. 9	4. 60
湖　南	1	11 688	97. 0	7. 34	79. 6	5. 36
广　东	5 577		40. 8	8. 65	33. 9	8. 67
广　西		5 297	50. 0	0. 99	41. 4	5. 05
海　南		46	1. 2	19. 89	1. 1	19. 06
重　庆		3 302	32. 3	7. 84	23. 8	6. 37
四　川	202	16 399	218. 9	9. 59	148. 5	7. 51
贵　州	67	10 259	167. 2	26. 48	73. 6	20. 93
云　南		58 499	367. 7	3. 70	209. 2	13. 72
西　藏		6	0. 2		0. 1	
陕　西			85. 4	9. 29	54. 3	7. 55
甘　肃			9. 7	－19. 29	4. 1	11. 54
青　海						
宁　夏						
新　疆						

各地区园林水果产量（一）

单位：吨

地　区	园林水果总产量	比上年增长（%）	苹　果	红富士	国　光	梨	雪花梨
全国总计	**128 652 317**	**5.05**	**33 263 290**	**22 893 979**	**1 639 798**	**15 057 084**	**2 782 414**
北　京	809 914	−5.28	103 772	83 552	9 283	158 632	25 221
天　津	312 713	−1.66	55 512	34 587	1 656	35 701	9 120
河　北	11 117 252	0.69	2 724 614	1 644 537	200 608	3 758 287	851 145
山　西	4 084 560	6.77	2 566 472	1 923 100	47 652	342 203	37 365
内蒙古	372 502	26.48	77 676	5 349	11 745	80 319	921
辽　宁	5 215 623	9.29	2 094 719	868 359	703 498	1 261 402	83 953
吉　林	650 780	1.59	153 521	1 317	25 252	141 429	4 977
黑龙江	466 371	−5.45	117 019			37 648	
上　海	441 619	−2.21				38 437	
江　苏	2 370 291	0.69	566 332	350 432	1 049	669 130	27 431
浙　江	3 824 949	−0.77				379 297	227 578
安　徽	2 356 680	9.25	406 858	87 928	4 553	966 259	56 681
福　建	5 644 799	0.07	309			185 345	
江　西	2 971 285	−9.16				116 830	20 995
山　东	14 389 146	1.40	7 988 405	6 480 886	198 289	1 112 099	124 374
河　南	7 959 884	5.30	4 089 647	2 817 568	289 996	946 619	325 724
湖　北	4 371 323	9.05	9 672		1 661	480 523	480 523
湖　南	4 609 155	15.28				154 630	
广　东	11 287 324	6.29				62 232	
广　西	8 417 741	8.67				222 572	
海　南	2 853 557	6.50					
重　庆	2 025 541	12.09	5 287	672	419	294 381	82 709
四　川	5 995 657	5.50	429 339	125 810	14 674	873 351	295 654
贵　州	696 147	8.41	15 475	4 544	762	182 099	9 330
云　南	3 416 404	12.44	257 908	149 580	11 354	332 044	80 514
西　藏	9 484	8.42	5 124			1 228	345
陕　西	12 385 021	7.65	8 560 132	6 584 707	33 906	799 909	31 374
甘　肃	2 994 553	7.89	2 016 609	1 209 965	1 124	334 180	145
青　海	14 387	−1.29	5 738	1 602	783	4 428	
宁　夏	649 158	14.37	354 421	182 501	54 254	33 016	550
新　疆	5 938 497	5.08	658 728	336 983	27 280	1 052 854	5 785

各地区园林水果产量（二）

单位：吨

地　　区	梨	柑橘类					热带亚热带水果	
	鸭　梨		柑	橘	橙	柚		香　蕉
全国总计	**2 544 178**	**26 452 447**	**8 280 402**	**10 112 131**	**4 891 454**	**2 825 815**	**15 456 835**	**9 560 522**
北　　京	37 031							
天　　津	11 034							
河　　北	1 764 725							
山　　西	7 211							
内 蒙 古	1 206							
辽　　宁	58 356							
吉　　林	7 873							
黑 龙 江								
上　　海		201 573		201 573				
江　　苏	15 544	53 632	22 899	30 733				
浙　　江	18 966	1 907 828	723 992	978 405	22 000	166 544		
安　　徽	9 880	27 750	789	26 325	131	26		
福　　建		2 722 988	541 419	946 030	222 820	981 165	1 794 798	882 087
江　　西	10 143	2 685 960	319 484	1 189 478	1 132 390	44 608		
山　　东	269 439							
河　　南	60 911	41 726		41 726				
湖　　北		3 010 384	958 077	1 677 751	322 370	52 186		
湖　　南	154 630	3 889 154	1 440 476	1 815 248	520 311	113 119		
广　　东		3 500 398	693 336	1 993 064	244 271	569 727	6 195 466	3 712 693
广　　西		3 132 057	1 814 421	118 448	749 991	449 197	3 134 617	1 864 851
海　　南		48 477	2 201	3 452	38 782	4 043	2 657 525	1 722 931
重　　庆	9 422	1 390 243	366 118	260 594	618 485	130 766	7 601	1 745
四　　川	66 500	2 929 399	980 988	484 735	938 466	291 754	108 362	34 326
贵　　州	7 632	203 690	85 946	68 059	30 844	12 840	7 487	6 068
云　　南	18 703	416 561	145 045	175 956	50 205	9 189	1 550 979	1 335 821
西　　藏		524	369	127				
陕　　西	11 038	286 765	184 842	97 089	388	651		
甘　　肃	93	3 338		3 338				
青　　海								
宁　　夏	758							
新　　疆	3 083							

各地区园林水果产量（三）

单位：吨

地区	热带亚热带水果			其他园林水果				
	菠萝	荔枝	龙眼		桃	猕猴桃	葡萄	红枣
全国总计	**1 076 042**	**1 773 945**	**1 312 119**	**38 422 661**	**10 456 018**	**1 069 794**	**8 548 946**	**4 468 335**
北京				547 510	386 227	23	42 140	9 513
天津				221 500	60 025		103 322	33 037
河北				4 634 351	1 462 150	94	1 075 468	1 031 025
山西				1 175 885	321 002	541	219 513	421 140
内蒙古				214 507			53 148	
辽宁				1 859 502	537 209	261	634 296	150 029
吉林				355 830	1 773		152 573	
黑龙江				311 704			56 732	
上海				201 609	101 418	411	90 814	1 214
江苏				1 081 197	457 010	3 895	331 877	9 683
浙江				1 537 824	355 911	12 701	425 866	
安徽				955 813	430 134	1 427	261 114	21 592
福建	39 348	147 281	241 138	941 359	222 371	3 781	100 171	31
江西				168 495	48 270	11 610	29 001	
山东				5 288 642	2 435 588	3 232	957 825	994 842
河南				2 881 892	1 017 447	241 590	484 130	391 864
湖北				870 744	607 487	10 638	131 213	29 093
湖南				565 371	131 342	44 988	100 776	27 563
广东	675 458	1 008 276	606 985	1 529 228	80 899			
广西	27 636	465 806	405 490	1 928 495	168 003	2 191	232 009	20 144
海南	297 352	134 969	35 155	147 555				
重庆		294	2 498	328 029	80 660	5 140	43 261	3 194
四川		5 515	12 983	1 655 206	416 361	83 834	216 500	12 708
贵州		201	387	287 396	85 549	12 716	46 714	1 371
云南	36 248	11 603	7 483	858 912	170 732	1 274	205 992	8 093
西藏				2 607	1 364		377	
陕西				2 738 215	593 502	629 341	322 292	500 320
甘肃				640 426	155 895	106	128 370	117 407
青海				4 221	352		117	
宁夏				261 721	22 625		137 640	57 152
新疆				4 226 915	104 713		1 965 695	627 319

各地区果园面积（一）

单位：千公顷

地　　区	年末果园面　　积	比上年增长（%）	苹　果	梨	柑　橘
全国总计	**11 543.9**	**3.63**	**2 139.9**	**1 063.1**	**2 211.0**
北　　京	64.9	-2.67	8.1	9.2	
天　　津	34.4	4.09	4.7	3.8	
河　　北	1 064.4	2.78	265.4	189.2	
山　　西	294.4	4.70	137.6	28.1	
内 蒙 古	65.9	26.35	22.6	7.9	
辽　　宁	354.2	1.27	125.9	98.6	
吉　　林	58.7	1.37	13.7	15.9	
黑 龙 江	36.2	2.29	11.4	4.8	
上　　海	23.2	-6.04		2.0	9.0
江　　苏	191.5	-0.64	34.0	37.8	3.6
浙　　江	320.9	0.90		24.9	114.5
安　　徽	107.1	2.51	16.8	38.1	2.7
福　　建	536.2	-0.35		21.9	175.4
江　　西	373.6	-0.25		25.7	300.6
山　　东	581.0	-1.79	264.6	42.5	
河　　南	455.3	1.39	177.6	47.3	10.9
湖　　北	375.7	2.21	1.7	36.6	229.2
湖　　南	519.7	1.71		32.2	379.0
广　　东	1 084.8	0.32		7.6	282.6
广　　西	938.1	2.22		19.8	197.9
海　　南	174.5	2.29			5.1
重　　庆	248.7	7.70	1.6	35.2	138.0
四　　川	552.3	2.83	29.2	82.7	253.2
贵　　州	151.8	7.81	6.6	44.5	40.9
云　　南	315.2	1.87	30.9	51.6	34.3
西　　藏	1.9	20.78	1.4	0.1	
陕　　西	1 083.3	7.12	601.5	49.0	33.9
甘　　肃	420.0	2.04	268.6	34.5	0.3
青　　海	5.1	12.86	2.1	0.8	
宁　　夏	119.5	19.14	40.4	2.2	
新　　疆	991.7	18.16	73.3	68.8	

各地区果园面积（二）

单位：千公顷

地区	年末果园面积					
	香蕉	菠萝	荔枝	桃	猕猴桃	葡萄
全国总计	**357.3**	**52.4**	**552.6**	**719.4**	**106.8**	**552.0**
北京				20.9		2.7
天津				4.1		5.3
河北				85.8	0.1	70.4
山西				16.1		9.6
内蒙古						7.6
辽宁				25.1		26.6
吉林				0.2		11.8
黑龙江						3.0
上海				6.6		4.4
江苏				35.6	0.8	21.7
浙江				26.2	3.1	20.0
安徽				24.1	0.4	9.4
福建	28.9	3.7	34.1	26.3	0.5	5.8
江西				10.0	1.9	2.5
山东				101.2	0.6	35.9
河南				73.9	9.2	29.9
湖北				49.1	3.0	5.6
湖南				27.5	9.7	16.7
广东	125.5	27.5	273.1	6.8		
广西	78.5	3.2	208.9	19.7	0.4	17.2
海南	58.3	14.2	24.6			
重庆	0.1		5.1	10.4	3.8	4.7
四川	1.3		3.0	45.1	19.7	18.2
贵州	1.6		0.3	19.8	5.6	9.5
云南	63.2	3.8	3.5	24.2	0.6	12.3
西藏				0.3		
陕西				31.2	47.2	28.8
甘肃				12.7		18.4
青海						0.1
宁夏				2.1		28.7
新疆				14.6		125.3

全国花卉产销情况

类　型	销售量		种植面积（公顷）	销售额（万元）	出口额（万美元）
	单位	数量			
合计			**917 565.3**	**8 619 594.9**	**46 307.6**
鲜切花类	万枝	1 901 721.9	50 858.7	1 058 801.3	24 632.2
鲜切花	万枝	1 638 252.8	40 289.0	952 708.0	19 390.9
鲜切叶	万枝	144 364.9	5 609.4	56 724.1	3 865.3
鲜切枝	万枝	119 104.2	4 960.4	49 368.9	1 376.0
盆栽植物类	万盆	435 702.3	82 908.9	1 996 910.8	11 152.6
盆栽植物	万盆	194 066.8	49 225.4	1 301 552.0	7 507.6
盆景	万盆	31 374.4	14 007.7	360 444.6	1 985.7
花坛植物	万盆	210 046.3	19 195.1	332 316.8	1 476.6
观赏苗木	万株	1 184 519.7	501 914.6	4 347 589.8	3 172.3
食用与药用花卉	吨	114 074 323.0	163 823.5	579 111.7	369.6
工业及其他用途花卉	吨	736 971.1	65 259.7	183 521.5	3 175.2
草坪	万平方米	77 805.5	30 586.3	166 633.1	36.9
种子用花卉	千克	776 218.9	5 735.2	34 695.6	371.9
种苗用花卉	万株	182 054.6	11 660.4	158 685.7	1 585.2
种球用花卉	万粒	123 770.3	4 793.9	82 094.6	108.9
干燥花	万枝	848.0	23.2	12 779.4	1 624.0

注：食用与药用花卉计算干重；工业及其他用途花卉计算鲜重。

全国花卉保护地栽培情况

单位：万平方米

项　目	合　计	温　室	节能日光温室	大（中、小）棚	遮荫棚
面积	86 675.3	22 112.5	13 708.6	33 028.3	29 833.775 1

全国花卉经营实体

项目	单位	2010年	2009年	2010年比2009年增减	
				绝对量	%
花卉市场	个	2 865	3 005	-140	-4.66
花卉企业	个	55 838	54 695	1 143	2.09
大中型企业	个	10 844	9 338	1 506	16.13
花农	户	1 525 649	1 360 193	165 456	12.16
从业人员	人	4 581 794	4 383 651	198 143	4.52
专业技术人员	人	159 861	149 588	10 273	6.87

注：花卉大中型企业是指种植面积在3公顷以上或年营业额在500万元以上的企业。

全国主要花卉产销情况

品种	种植面积（公顷）	销售量	销售额（万元）
主要鲜切花（万枝）	**36 836.3**	**1 414 015.6**	**853 254.5**
现代月季（玫瑰）	9 945.6	404 544.2	195 720.9
香石竹	2 826.3	241 419.7	74 776.1
百合	7 484.7	155 755.3	367 423.7
唐菖蒲	2 891.2	53 886.0	25 635.7
菊花	4 927.1	215 252.2	64 781.3
非洲菊	5 155.9	306 042.3	72 946.5
特色品种	3 339.3	35 053.8	44 005.7
主要盆栽植物（万盆）	**30 349.5**	**94 240.0**	**773 314.7**
凤梨类	4 530.2	15 496.2	133 543.3
兰花类	10 780.9	38 628.5	314 861.1
花烛属类	2 341.5	9 231.7	55 658.7
观叶芋类	4 165.8	14 222.9	100 880.6
杜鹃花类	890.6	2 841.9	19 699.2
中国兰花	391.3	2 728.1	53 777.6
蝴蝶兰类	134.1	1 558.8	34 488.8
虎皮兰	327.6	5 556.8	10 445.8
特色品种	8 076.5	15 308.6	166 213.2
主要盆景（万盆）	**2 646.7**	**3 655.1**	**89 061.9**
球根花卉（万盆）	**568.1**	**3 938.6**	**11 103.9**

三、畜 牧 业

全国主要畜产品生产情况

指标	单位	2010年	2009年	2010年比2009年增减	
				绝对数	%
大牲畜年末存栏	**万头**	**12 238.5**	**12 357.2**	**-118.7**	**-0.96**
牛	万头	10 626.4	10 726.1	-99.7	-0.93
马	万匹	677.1	678.5	-1.4	-0.21
驴	万头	639.7	648.4	-8.7	-1.34
骡	万头	269.7	279.3	-9.6	-3.44
骆驼	万峰	25.6	24.8	0.8	3.23
猪年末存栏	**万头**	**46 460.0**	**46 983.4**	**-523.4**	**-1.11**
羊年末存栏	**万只**	**28 087.9**	**28 453.0**	**-365.1**	**-1.28**
山羊	万只	14 203.9	15 799.6	-1 595.7	-10.10
绵羊	万只	13 884.0	12 653.4	1 230.6	9.73
猪出栏	**万头**	**66 686.4**	**64 527.1**	**2 159.3**	**3.35**
牛出栏	**万头**	**4 716.8**	**4 602.2**	**114.6**	**2.49**
肉类总产量	**万吨**	**7 925.8**	**7 649.9**	**275.9**	**3.61**
猪牛羊肉	万吨	6 123.2	5 915.5	207.7	3.51
猪肉	万吨	5 071.2	4 890.5	180.7	3.69
牛肉	万吨	653.1	635.5	17.6	2.77
羊肉	万吨	398.9	389.5	9.4	2.41
奶类	**万吨**	**3 748.0**	**3 734.6**	**13.4**	**0.36**
牛奶	万吨	3 575.6	3 520.9	54.7	1.55
绵羊毛	**吨**	**386 768.0**	**364 002.0**	**22 766.0**	**6.25**
细羊毛	吨	123 174.0	127 352.0	-4 178.0	-3.28
半细羊毛	吨	114 944.0	113 018.0	1 926.0	1.70
山羊毛	**吨**	**42 714.0**	**49 453.0**	**-6 739.0**	**-13.63**
羊绒	**吨**	**18 519.0**	**16 964.0**	**1 555.0**	**9.17**
禽蛋	**万吨**	**2 762.7**	**2 740.6**	**22.1**	**0.81**
蜂蜜	**万吨**	**40.1**	**40.2**	**-0.1**	**-0.25**

各地区牧业主要产品产量

单位：万吨

地区	肉类总产量	猪肉	牛肉	羊肉	奶类
全国总计	**7 925.8**	**5 071.2**	**653.1**	**398.9**	**3 748.0**
北京	46.3	24.1	2.0	1.4	64.1
天津	42.6	28.0	3.1	1.5	69.3
河北	416.7	245.2	58.1	29.3	449.1
山西	72.4	53.1	4.9	5.6	74.9
内蒙古	238.7	71.9	49.7	89.2	945.7
辽宁	406.7	228.4	41.6	7.9	126.7
吉林	238.9	119.8	43.2	3.8	44.6
黑龙江	197.9	114.5	39.0	12.1	558.8
上海	26.2	17.9	0.0	0.5	24.7
江苏	365.8	213.1	3.5	7.4	57.3
浙江	175.1	131.9	1.1	1.9	20.3
安徽	376.9	238.8	18.3	14.2	20.5
福建	180.2	146.6	2.3	1.8	15.7
江西	289.9	221.1	11.2	1.1	11.9
山东	704.4	353.2	68.7	32.7	271.6
河南	638.4	408.3	83.0	25.2	307.9
湖北	379.3	287.0	17.7	8.1	30.4
湖南	494.8	412.4	16.3	10.6	7.8
广东	441.1	275.5	6.3	0.9	14.5
广西	387.8	241.5	13.7	3.3	8.2
海南	68.5	41.2	2.2	1.1	0.2
重庆	192.5	147.6	6.3	2.4	8.0
四川	656.6	492.2	29.4	24.8	70.3
贵州	179.1	148.1	12.0	3.4	4.6
云南	321.4	242.5	29.9	12.9	54.1
西藏	25.0	1.3	14.8	8.7	29.4
陕西	102.6	79.1	7.3	7.3	177.6
甘肃	84.4	46.3	16.1	15.6	36.3
青海	28.3	9.2	8.5	9.8	26.3
宁夏	25.7	8.5	7.6	7.3	84.5
新疆	121.7	23.0	35.5	47.0	132.8

四、饲料工业

各地区饲料生产情况

地　　区	饲料总产量（万吨）	配合饲料	浓缩饲料	添加剂预混合饲料
全国总计	**16 201.73**	**12 974.28**	**2 648.19**	**579.27**
北　　京	341.62	230.85	40.64	70.14
天　　津	223.75	153.76	50.75	19.24
河　　北	1 086.36	913.30	160.00	13.06
山　　西	279.59	176.57	97.75	5.27
内 蒙 古	255.06	157.65	92.23	5.17
辽　　宁	1 123.07	723.27	379.78	20.03
吉　　林	423.88	268.68	147.31	7.90
黑 龙 江	657.20	327.70	303.20	26.30
上　　海	148.55	113.82	14.09	20.63
江　　苏	687.59	635.57	24.91	27.11
浙　　江	477.54	452.46	5.44	19.64
安　　徽	294.73	264.34	25.28	5.11
福　　建	519.25	484.75	8.72	25.78
江　　西	501.60	378.27	85.00	38.33
山　　东	1 819.66	1 672.71	96.66	50.29
河　　南	1 154.21	744.22	374.25	35.74
湖　　北	496.36	436.03	47.11	13.22
湖　　南	914.92	757.48	107.64	49.80
广　　东	1 880.71	1 799.76	28.99	51.96
广　　西	682.51	639.79	35.30	7.43
海　　南	176.73	171.17	0.99	4.57
重　　庆	173.36	133.94	32.96	6.46
四　　川	742.50	608.62	104.37	29.52
贵　　州	65.56	36.13	29.12	0.31
云　　南	338.36	248.07	86.50	3.79
西　　藏				
陕　　西	383.31	177.97	188.84	16.50
甘　　肃	130.37	74.56	55.01	0.79
青　　海	12.76	12.68	…	0.08
宁　　夏	72.01	59.97	10.10	1.94
新　　疆	138.62	120.19	15.27	3.16

各地区配合饲料生产情况

单位：万吨

地区	配合饲料						
		猪料	蛋禽料	肉禽料	水产料	反刍料	其他料
全国总计	**12 974.28**	**4 112.22**	**2 319.76**	**4 353.94**	**1 473.54**	**492.89**	**221.92**
北京	230.85	29.66	14.68	125.28	8.43	49.15	3.65
天津	153.76	24.54	23.15	40.59	31.77	12.32	21.38
河北	913.30	164.51	551.84	94.09	41.23	53.83	7.80
山西	176.57	56.35	60.75	47.94	1.02	10.25	0.25
内蒙古	157.65	15.34	25.16	31.21	1.85	75.50	8.60
辽宁	723.27	118.87	310.12	208.49	41.03	25.88	18.89
吉林	268.68	44.52	104.56	69.07	2.48	15.23	32.82
黑龙江	327.70	110.30	70.40	51.40	17.20	53.90	24.50
上海	113.82	33.64	38.08	31.91	5.60	4.16	0.42
江苏	635.57	81.68	94.07	228.19	217.82	5.51	8.29
浙江	452.46	210.73	58.31	81.10	94.09	3.08	5.15
安徽	264.34	44.90	42.64	166.48	8.49	0.65	1.18
福建	484.75	207.66	55.39	144.76	75.18	0.01	1.76
江西	378.27	223.51	36.19	38.19	34.54	42.48	3.37
山东	1 672.71	280.00	121.66	1 157.96	36.45	30.99	45.65
河南	744.22	282.51	135.69	246.73	57.55	16.11	5.63
湖北	436.03	188.85	41.95	48.55	156.62		0.06
湖南	757.48	469.20	48.37	119.18	118.28	1.07	1.38
广东	1 799.76	633.90	148.33	693.94	314.58	0.87	8.13
广西	639.79	279.88	48.82	276.09	34.76	0.07	0.16
海南	171.17	65.63	14.83	60.77	29.58		0.36
重庆	133.94	48.82	26.97	47.33	8.52	0.63	1.67
四川	608.62	280.42	99.30	158.35	52.89	10.16	7.49
贵州	36.13	13.99	5.41	13.60	1.26	1.35	0.51
云南	248.07	70.53	47.97	88.36	38.34	0.81	2.07
西藏							
陕西	177.97	75.49	43.43	20.92	23.97	9.26	4.88
甘肃	74.56	24.14	16.38	12.47	2.31	18.42	0.85
青海	12.68	5.09	0.01	0.03		3.96	3.60
宁夏	59.97	10.80	8.58	10.83	6.58	23.17	
新疆	120.19	16.74	26.70	40.13	11.09	24.10	1.43

各地区浓缩饲料生产情况

单位：万吨

地　　区	浓缩饲料						
		猪　料	蛋禽料	肉禽料	水产料	反刍料	其他料
全国总计	**2 648.19**	**1 497.86**	**571.57**	**325.05**	**6.07**	**215.35**	**32.29**
北　　京	40.64	28.68	1.50		0.03	10.00	0.43
天　　津	50.75	30.69	10.53	0.59	0.68	6.00	2.26
河　　北	160.00	49.58	81.59	13.62		13.00	2.21
山　　西	97.75	49.37	33.07	10.55	0.10	4.47	0.19
内 蒙 古	92.23	29.37	12.69	1.49	0.07	47.12	1.49
辽　　宁	379.78	159.82	103.53	103.53	0.92	9.19	2.78
吉　　林	147.31	96.47	20.33	22.75	0.20	7.50	0.06
黑 龙 江	303.20	99.20	71.20	57.90		58.50	16.40
上　　海	14.09	12.44	0.01	0.02		1.61	0.01
江　　苏	24.91	23.30	0.60	0.65	0.19	0.13	0.03
浙　　江	5.44	5.18	0.05	0.01	0.20		…
安　　徽	25.28	19.16	1.15	3.94			1.03
福　　建	8.72	8.56	…		0.16		
江　　西	85.00	64.17	10.85	8.80	0.35	0.59	0.26
山　　东	96.66	68.93	15.38	6.45	0.42	5.03	0.46
河　　南	374.25	224.37	95.62	41.71	0.06	11.85	0.64
湖　　北	47.11	39.20	3.68	3.66	0.57		
湖　　南	107.64	98.24	5.98	3.41		…	
广　　东	28.99	23.22	0.71	3.40	0.69		0.97
广　　西	35.30	31.03	0.66	3.59	0.02		
海　　南	0.99	0.44	0.21	0.34			
重　　庆	32.96	25.58	7.11	0.28		…	
四　　川	104.37	100.03	3.13	0.86	0.26	0.08	0.02
贵　　州	29.12	27.23	0.98	0.88		0.02	0.02
云　　南	86.50	77.44	2.71	5.68	0.39	0.16	0.12
西　　藏							
陕　　西	188.84	69.35	67.43	20.91	0.49	28.15	2.51
甘　　肃	55.01	26.34	13.58	6.55	0.01	8.38	0.15
青　　海	…	…				…	…
宁　　夏	10.10	3.81	1.55	1.40	0.27	2.80	0.27
新　　疆	15.27	6.67	5.76	2.09	…	0.74	0.01

各地区添加剂预混合饲料生产情况

单位：万吨

地　　区	添加剂预混合饲料	猪　料	蛋禽料	肉禽料	水产料	反刍料	其他料
全国总计	**579. 27**	**336. 68**	**116. 34**	**55. 90**	**22. 76**	**19. 72**	**27. 86**
北　　京	70. 14	38. 64	19. 56	4. 01	3. 63	3. 65	0. 65
天　　津	19. 24	8. 64	6. 12	0. 66	0. 43	2. 33	1. 05
河　　北	13. 06	4. 50	6. 03	0. 94	0. 15	0. 90	0. 54
山　　西	5. 27	1. 64	1. 87	0. 82	0. 05	0. 87	…
内 蒙 古	5. 17	0. 84	0. 16	0. 28	0. 04	1. 65	2. 22
辽　　宁	20. 03	8. 23	6. 48	2. 52	0. 46	0. 59	1. 74
吉　　林	7. 90	3. 12	2. 90	1. 89			
黑 龙 江	26. 30	10. 10	6. 60	3. 80	0. 65	3. 35	1. 80
上　　海	20. 63	12. 03	3. 23	1. 30	0. 27	1. 16	2. 65
江　　苏	27. 11	11. 30	11. 33	2. 94	1. 09	0. 10	0. 35
浙　　江	19. 64	9. 52	3. 40	2. 26	2. 02		2. 44
安　　徽	5. 11	3. 23	0. 94	0. 80	0. 04	0. 09	0. 01
福　　建	25. 78	21. 44	1. 18	1. 97	1. 11	0. 01	0. 08
江　　西	38. 33	26. 10	6. 29	4. 54	0. 41	0. 57	0. 42
山　　东	50. 29	16. 47	19. 70	6. 20	0. 22	0. 88	6. 82
河　　南	35. 74	21. 20	8. 44	5. 39	0. 18	0. 50	0. 02
湖　　北	13. 22	10. 82	1. 38	0. 78	0. 24		
湖　　南	49. 80	40. 90	1. 55	6. 06	0. 06	0. 04	1. 19
广　　东	51. 96	39. 18	1. 23	3. 59	4. 40	0. 01	3. 54
广　　西	7. 43	6. 57	0. 29	0. 50	0. 05	0. 01	
海　　南	4. 57	1. 90	0. 40	0. 53	1. 75		
重　　庆	6. 46	5. 79	0. 04	0. 03	0. 02	…	0. 58
四　　川	29. 52	23. 17	1. 59	1. 07	3. 50	0. 05	0. 15
贵　　州	0. 31	0. 29		0. 02			
云　　南	3. 79	2. 48	0. 47	0. 65	0. 10	0. 06	0. 03
西　　藏							
陕　　西	16. 50	6. 42	3. 76	1. 98	1. 71	1. 36	1. 28
甘　　肃	0. 79	0. 23	0. 20	0. 17		0. 12	0. 07
青　　海	0. 08	0. 02				0. 06	…
宁　　夏	1. 94	0. 70	0. 56	0. 09	0. 03	0. 39	0. 16
新　　疆	3. 16	1. 23	0. 66	0. 12	0. 13	0. 97	0. 06

五、渔 业

各地区渔业人口与从业人员（一）

地　　区	渔业乡（个）	渔业村（个）	渔业户（户）	渔业人口（人）	
					传统渔民
全国总计	**1 073**	**9 177**	**5 237 296**	**20 810 260**	**7 470 386**
北　京	17	61	7 016	28 960	11 904
天　津	1	8	18 530	68 577	31 291
河　北	39	261	69 648	302 239	149 907
山　西			1 640	8 150	
内蒙古	4	32	7 600	39 908	5 770
辽　宁	126	662	192 583	791 006	390 725
吉　林	2	3	27 202	95 370	609
黑龙江			65 587	244 752	195 802
上　海		28	15 088	59 612	14 410
江　苏	23	466	378 816	1 596 128	496 833
浙　江	91	786	344 369	1 171 192	473 676
安　徽	12	199	216 475	919 519	330 449
福　建	51	599	438 369	1 764 244	945 310
江　西	27	355	338 264	1 547 864	337 170
山　东	125	1 951	462 574	1 709 673	728 871
河　南	24	446	154 227	569 859	42 176
湖　北	57	827	558 735	1 896 913	835 505
湖　南	5	274	287 700	1 299 518	169 512
广　东	86	960	527 604	2 453 241	1 145 088
广　西	5	206	230 984	958 825	370 260
海　南	29	436	94 103	476 517	267 886
重　庆		11	164 678	523 115	134 741
四　川	37	180	483 523	1 654 175	223 739
贵　州			50 379	178 177	37 007
云　南	1	43	71 841	325 818	107 941
西　藏		2	104	468	453
陕　西	310	378	17 704	69 980	15 461
甘　肃			3 180	11 043	1 510
青　海				955	
宁　夏			4 455	24 532	
新　疆	1	3	4 318	19 930	6 380

各地区渔业人口与从业人员（二）

单位：人

地　区	从业人员	专业从业人员	捕　捞	养　殖	其　他
全国总计	**13 992 142**	**7 641 119**	**1 786 894**	**4 978 969**	**875 256**
北　京	20 049	11 924	825	8 765	2 334
天　津	43 794	24 578	5 324	18 118	1 136
河　北	232 134	109 816	37 290	56 797	15 729
山　西	6 772	3 488	275	2 968	245
内蒙古	27 851	16 502	6 094	9 259	1 149
辽　宁	566 324	377 129	133 038	209 221	34 870
吉　林	44 902	4 346	239	3 609	498
黑龙江	141 944	102 449	25 285	67 304	9 860
上　海	35 716	32 884	10 115	21 590	1 179
江　苏	1 194 705	719 047	189 928	484 933	44 186
浙　江	805 221	507 307	174 378	216 729	116 200
安　徽	714 640	360 470	67 767	257 336	35 367
福　建	925 267	544 494	194 650	284 726	65 118
江　西	961 818	435 510	64 849	311 453	59 208
山　东	1 357 128	773 199	242 551	350 006	180 642
河　南	458 209	208 375	33 119	151 451	23 805
湖　北	1 299 886	894 353	89 372	760 802	44 179
湖　南	835 407	384 418	34 252	319 086	31 080
广　东	1 338 539	865 640	239 446	568 062	58 132
广　西	725 640	327 623	65 590	219 297	42 736
海　南	241 665	186 048	110 122	51 304	24 622
重　庆	367 514	188 393	12 227	162 203	13 963
四　川	1 149 357	385 763	25 385	305 150	55 228
贵　州	103 996	36 803	5 745	25 985	5 073
云　南	295 160	91 210	14 320	72 401	4 489
西　藏	251	178	178		
陕　西	55 844	23 808	2 222	19 240	2 346
甘　肃	9 060	3 662	425	3 141	96
青　海	855	126	32	94	
宁　夏	18 741	12 115	394	10 231	1 490
新　疆	13 753	9 461	1 457	7 708	296

各地区海洋渔业人口与从业人员（一）

地　　区	渔业乡（个）	渔业村（个）	渔业户（户）	渔业人口（人）	
					传统渔民
全国总计	**424**	**3 752**	**1 552 145**	**5 783 677**	**3 277 698**
北　京			170	510	170
天　津	1	7	2 976	10 731	9 033
河　北	13	85	42 163	161 066	110 178
辽　宁	89	394	134 840	569 923	286 158
上　海		5	1 858	18 570	4 980
江　苏	10	103	54 097	280 656	125 386
浙　江	81	572	229 754	709 402	337 878
福　建	51	567	354 053	1 395 835	834 869
山　东	87	905	265 633	920 602	470 307
广　东	68	619	325 344	1 070 776	720 967
广　西	5	110	64 689	251 644	112 061
海　南	19	385	76 568	393 962	265 711

各地区海洋渔业人口与从业人员（二）

地　　区	从业人员	专业从业人　　员			
			捕　捞	养　殖	其　他
全国总计	**3 446 071**	**2 277 819**	**1 066 329**	**819 430**	**392 060**
北　京	152	152	152		
天　津	4 901	1 844	525	858	461
河　北	136 809	56 931	22 331	24 354	10 246
辽　宁	383 690	267 891	121 415	121 988	24 488
上　海	7 480	7 121	6 905		216
江　苏	190 919	110 615	61 052	40 646	8 917
浙　江	393 038	276 499	141 039	57 940	77 520
福　建	691 519	446 706	182 528	208 356	55 822
山　东	755 329	477 383	169 192	165 275	142 916
广　东	508 464	377 672	215 627	123 490	38 555
广　西	180 147	90 594	38 494	41 424	10 676
海　南	193 623	164 411	107 069	35 099	22 243

全国水产品总产量

单位：吨

指　　标	2010 年	2009 年	2010 年比 2009 年增减	
			绝对量	%
水产品总产量	**53 730 024**	**51 164 039**	**2 565 985**	**5.02**
海水产品	27 975 312	26 815 555	1 159 757	4.32
淡水产品	25 754 712	24 348 484	1 406 228	5.78
养殖产量	38 288 351	36 216 826	2 071 525	5.72
海水养殖	14 823 008	14 052 220	770 788	5.49
淡水养殖	23 465 343	22 164 606	1 300 737	5.87
捕捞产量	15 441 673	14 947 213	494 460	3.31
海洋捕捞	12 035 946	11 786 109	249 837	2.12
远洋渔业	1 116 358	977 226	139 132	14.24
淡水捕捞	2 289 369	2 183 878	105 491	4.83
养殖产品中：				
鱼类	21 449 928	20 340 641	1 109 287	5.45
甲壳类	3 199 124	2 977 446	221 678	7.45
贝类	11 333 329	10 765 706	567 623	5.27
藻类	1 551 013	1 463 558	87 455	5.98
其他	754 957	669 475	85 482	12.77
捕捞产品中：				
鱼类	9 869 726	9 566 571	303 155	3.17
甲壳类	2 386 634	2 346 737	39 897	1.70
贝类	909 084	954 073	-44 989	-4.72
藻类	24 662	27 617	-2 955	-10.70
头足类	658 309	643 255	15 054	2.34
其他	476 900	431 734	45 166	10.46

注：海水产品分类中不含远洋捕捞。

各地区水产品产量（一）

单位：吨

地 区	2010年							
	总产量	养殖			捕捞			
			海水	淡水		海洋	远洋	淡水
全国总计	**53 730 024**	**38 288 351**	**14 823 008**	**23 465 343**	**15 441 673**	**12 035 946**	**1 116 358**	**2 289 369**
北 京	63 386	50 202		50 202	13 184		8 960	4 224
天 津	344 925	310 484	14 212	296 272	34 441	15 754	9 020	9 667
河 北	1 063 300	717 761	329 308	388 453	345 539	253 292		92 247
山 西	31 700	30 869		30 869	831			831
内蒙古	113 804	83 133		83 133	30 671			30 671
辽 宁	4 303 774	3 064 322	2 314 649	749 628	1 239 452	1 007 398	175 274	56 780
吉 林	165 958	146 202		146 202	19 756			19 756
黑龙江	399 700	352 815		352 815	46 885			46 885
上 海	289 678	162 479		162 479	127 199	21 531	99 933	5 735
江 苏	4 604 429	3 692 771	785 173	2 907 598	911 658	570 354	8 941	332 363
浙 江	4 779 502	1 700 750	825 730	875 020	3 078 752	2 821 000	165 602	92 150
安 徽	1 939 118	1 617 241		1 617 241	315 877			315 877
福 建	5 869 867	3 698 658	3 038 990	659 668	2 170 909	1 908 468	180 524	81 917
江 西	2 153 405	1 860 892		1 860 892	292 513			292 513
山 东	7 838 529	5 206 661	3 962 643	1 244 018	2 631 598	2 350 888	149 814	130 896
河 南	578 550	546 200		546 200	32 350			32 350
湖 北	3 350 935	3 267 281		3 267 281	263 654			263 654
湖 南	1 980 000	1 883 332		1 883 332	96 668			96 668
广 东	7 290 299	5 637 357	2 490 688	3 146 669	1 652 942	1 429 592	94 752	128 598
广 西	2 755 053	1 971 109	877 408	1 093 701	783 944	662 954	4 119	116 871
海 南	1 494 800	480 575	184 162	296 413	1 014 225	994 715		19 510
重 庆	224 300	213 345		213 345	10 955			10 955
四 川	1 050 635	992 605		992 605	58 030			58 030
贵 州	87 900	75 838		75 838	12 062			12 062
云 南	297 757	274 636		274 636	23 121			23 121
西 藏	500	72		72	428			428
陕 西	60 373	56 138		56 138	4 235			4 235
甘 肃	12 300	12 300		12 300				
青 海	1 600	1 565		1 565	35			35
宁 夏	90 035	89 845		89 845	190			190
新 疆	101 063	90 913		90 913	10 150			10 150

各地区水产品产量（二）

单位：吨

地　　区	2010年比2009年增减							
	总产量	养殖			捕捞			
			海水	淡水		海洋	远洋	淡水
全国总计	**2 565 985**	**2 071 525**	**770 788**	**1 300 737**	**494 460**	**249 837**	**139 132**	**105 491**
北　　京	5 225	-61		-61	5 286		5 047	239
天　　津	10 881	10 577	145	10 432	304	-705	91	918
河　　北	59 200	54 711	28 741	25 970	4 489	-25		4 514
山　　西	700	618		618	82			82
内 蒙 古	7 825	6 740		6 740	1 085			1 085
辽　　宁	297 724	246 700	171 526	75 174	51 024	12 086	38 466	472
吉　　林	774	204		204	570			570
黑 龙 江	19 000	15 264		15 264	3 736			3 736
上　　海	-19 308	14 612		14 612	-33 920	-334	-34 553	967
江　　苏	172 193	151 276	50 213	101 063	20 917	7 691	1 595	11 631
浙　　江	376 368	161 469	31 165	100 304	214 899	154 624	58 468	1 807
安　　徽	101 656	93 064		93 064	8 592			8 592
福　　建	194 361	129 437	108 736	20 701	64 924	49 210	11 918	3 796
江　　西	142 902	77 899		77 899	65 003			65 003
山　　东	302 320	248 655	148 339	100 316	53 665	-20 003	71 114	2 554
河　　南	40 900	39 147		39 147	1 753			1 753
湖　　北	192 039	190 539		190 539	1 500			1 500
湖　　南	99 400	112 918		112 918	-13 518			-13 518
广　　东	264 348	263 257	144 531	118 726	1 091	13 725	-14 722	2 088
广　　西	132 260	128 645	54 903	73 742	3 615	-25	-586	4 226
海　　南	39 901	6 033	2 489	3 544	33 868	33 593		275
重　　庆	20 400	19 325		19 325	1 075			1 075
四　　川	49 318	48 967		48 967	351			351
贵　　州	7 600	6 579		6 579	1 021			1 021
云　　南	26 540	26 854		26 854	-314			-314
西　　藏		-20		-20	20			20
陕　　西	4 373	4 292		4 292	81			81
甘　　肃	374	374		374				
青　　海	200	205		205	-5			-5
宁　　夏	8 191	8 195		8 195	-4			-4
新　　疆	6 026	5 050		5 050	976			976

各地区淡水捕捞产量

（按品种分）

单位：吨

地　区	捕捞产量	鱼　类	甲壳类	虾	蟹	贝　类	其　他
全国总计	2 289 369	1 614 675	343 320	289 488	53 832	286 980	44 638
北　京	4 224	4 148	63	35	28		13
天　津	9 667	5 173	1 318	1 300	18	983	2 193
河　北	92 247	81 932	5 699	4 377	1 322	3 856	760
山　西	831	794	7	6	1		30
内蒙古	30 671	29 659	890	890			122
辽　宁	56 780	44 302	9 698	4 021	5 677	1 004	1 776
吉　林	19 756	19 324	269	244	25	157	6
黑龙江	46 885	46 100	493	493		284	8
上　海	5 735	5 430	235	210	25		70
江　苏	332 363	191 164	61 398	46 479	14 919	68 135	11 666
浙　江	92 150	48 927	7 428	6 240	1 188	34 095	1 700
安　徽	315 877	207 473	66 168	57 034	9 134	34 031	8 205
福　建	81 917	55 476	6 800	5 010	1 790	18 475	1 166
江　西	292 513	192 966	61 721	59 112	2 609	33 579	4 234
山　东	130 896	109 703	14 092	7 780	6 312	6 571	525
河　南	32 350	24 707	6 785	6 254	531	829	29
湖　北	263 654	182 003	62 318	57 425	4 893	14 043	5 290
湖　南	96 668	78 905	11 754	10 729	1 025	4 571	1 438
广　东	128 598	67 938	9 123	7 017	2 106	49 773	1 763
广　西	116 871	95 055	7 691	6 600	1 091	12 668	1 457
海　南	19 510	16 997	732	519	213	1 577	204
重　庆	10 955	10 018	572	488	84	153	212
四　川	58 030	52 841	4 025	3 475	550	716	448
贵　州	12 062	10 059	1 628	1 523	105	349	26
云　南	23 121	19 516	2 195	2 122	73	1 129	274
西　藏	428	316					112
陕　西	4 235	4 144	53	51	2		38
甘　肃							
青　海	35						35
宁　夏	190	190					
新　疆	10 150	9 415	165	54	111	2	568

注：捕捞产量中藻类26吨。

各地区淡水养殖产量（一）

（按品种分）

单位：吨

地　区	养殖产量	鱼　类				
			草　鱼	鲢　鱼	鲤　鱼	鳙　鱼
全国总计	**23 465 343**	**20 641 757**	**4 222 198**	**3 607 526**	**2 538 453**	**2 550 848**
北　京	50 202	49 948	11 144	4 485	12 784	2 902
天　津	296 272	244 881	22 325	45 107	100 504	11 538
河　北	388 453	361 399	61 078	70 534	131 599	33 063
山　西	30 869	30 514	6 658	5 848	8 930	3 673
内蒙古	83 133	81 339	9 907	14 424	31 992	9 761
辽　宁	749 628	681 231	53 460	92 878	242 663	62 543
吉　林	146 202	145 876	13 016	41 089	37 495	29 580
黑龙江	352 815	347 952	23 891	66 885	151 447	28 379
上　海	162 479	93 572	25 242	16 022	977	7 853
江　苏	2 907 598	2 190 193	380 957	460 583	133 056	216 644
浙　江	875 020	573 951	80 233	125 365	33 356	82 783
安　徽	1 617 241	1 321 838	230 145	265 043	109 171	236 946
福　建	659 668	571 368	130 387	57 385	44 062	53 344
江　西	1 860 892	1 689 843	379 015	244 617	131 767	278 498
山　东	1 244 018	1 148 353	200 531	201 168	293 805	124 004
河　南	546 200	528 605	77 981	128 361	153 928	85 648
湖　北	3 267 281	2 810 307	771 982	598 358	159 244	352 755
湖　南	1 883 332	1 821 250	544 581	397 874	154 664	269 465
广　东	3 146 669	2 806 029	611 433	212 320	118 475	331 849
广　西	1 093 701	1 065 845	230 763	197 238	126 732	140 237
海　南	296 413	286 578	8 160	7 302	5 545	6 788
重　庆	213 345	212 377	43 516	55 850	23 496	18 599
四　川	992 605	980 276	178 090	222 206	124 017	113 570
贵　州	75 838	75 723	11 465	9 761	29 425	9 847
云　南	274 636	273 185	56 709	27 629	78 054	23 214
西　藏	72	72	5		33	
陕　西	56 138	56 029	13 652	12 864	17 857	5 012
甘　肃	12 300	12 249	3 108	1 264	4 141	770
青　海	1 565	1 491	40	21	110	
宁　夏	89 845	88 975	22 148	10 804	43 487	4 230
新　疆	90 913	90 508	20 576	14 241	35 637	7 353

各地区淡水养殖产量（二）

（按品种分）

单位：吨

地 区	鱼类						
	鲫 鱼	罗非鱼	鲟 鱼	鳗 鲡	鳟 鱼	鮰 鱼	鲶 鱼
全国总计	**2 216 094**	**1 331 890**	**35 324**	**213 811**	**16 397**	**217 303**	**374 093**
北 京	5 503	1 519	2 948		2 089	474	698
天 津	54 833	693					6 325
河 北	33 115	18 500	3 021		1 080	80	430
山 西	1 013	1 297	873		787		465
内 蒙 古	10 106	71			68	4	1 733
辽 宁	86 133	3 157	669		4 646	426	51 011
吉 林	14 511	36			135	165	2 304
黑 龙 江	50 571	206			235	84	3 365
上 海	30 383	16	36	146		304	11
江 苏	530 663	5 964	999	4 273	12	21 225	12 001
浙 江	74 419	2 082	1 702	3 343	148	3 137	2 424
安 徽	155 878	4 785	134	2 044	5	20 096	13 196
福 建	22 047	109 450	1 456	87 078	33	2 497	6 927
江 西	174 672	6 659	1 115	16 985		27 241	43 123
山 东	121 194	11 932	5 666		1 890	867	32 446
河 南	40 820	789	438		254	4 063	8 371
湖 北	347 617	6 225	6 243	150		40 623	25 946
湖 南	97 877	1 636	788		463	22 370	21 555
广 东	132 973	624 178	1 528	99 524	82	11 670	33 354
广 西	31 619	214 404	452	7	102	9 323	28 518
海 南	1 523	250 645	20	254			1 869
重 庆	44 957	2 375	298		60	4 278	3 448
四 川	115 994	3 753	5 298		1 115	45 270	67 277
贵 州	3 404	1 091	467	6	114	2 393	2 275
云 南	18 020	59 129	895	1	1 701	533	2 783
西 藏	6	5			20		
陕 西	3 022	392	35		128	45	461
甘 肃	866	51	206		722	17	86
青 海	120				200		
宁 夏	5 705		10		18	33	1 053
新 疆	6 530	350	27		290	85	638

各地区淡水养殖产量（三）

（按品种分）

单位：吨

地区	甲壳类					
		虾	罗氏沼虾	青虾	克氏原螯虾	南美白对虾
全国总计	**2 138 028**	**1 544 732**	**125 203**	**225 645**	**563 281**	**615 010**
北京	102	80				80
天津	50 544	49 306				49 061
河北	22 026	16 195		827		14 818
山西	86	79	8			48
内蒙古	556	138		103		35
辽宁	54 054	7 125				6 943
吉林	326	78		78		
黑龙江	4 830	919				30
上海	67 933	51 253	6 460	648		44 110
江苏	637 933	351 197	62 520	105 214	93 779	89 493
浙江	144 317	134 296	8 820	20 964	5 665	95 818
安徽	221 419	131 235	3 284	41 894	85 214	837
福建	44 243	42 808	1 140	1 160	17	39 825
江西	84 909	73 252	630	19 725	51 687	1 210
山东	89 168	63 698	513	4 160	7 376	51 460
河南	11 345	9 089	580	1 878	6 606	25
湖北	410 460	333 641	980	21 253	308 249	3 159
湖南	15 586	9 265	392	4 402	1 656	203
广东	265 905	261 255	38 340	2 315	4	215 185
广西	5 681	5 053	1 315	663	238	2 193
海南	1 294	1 060				300
重庆	542	509			379	122
四川	2 835	2 634	70	156	2 335	2
贵州	78	57	27	24		6
云南	456	372	98	181	70	9
西藏						
陕西	70	68				
甘肃	48	6			6	
青海	74					
宁夏	870					
新疆	338	64	26			38

各地区淡水养殖产量（四）

（按品种分）

单位：吨

地　区	甲壳类	贝　类				藻　类
	蟹		河　蚌	螺	蚬	
全国总计	**593 296**	**251 008**	**95 328**	**110 422**	**19 496**	**9 691**
北　京	22					
天　津	1 238					
河　北	5 831	30	26	4		
山　西	7					
内蒙古	418					1 238
辽　宁	46 929	14	14			
吉　林	248					
黑龙江	3 911					
上　海	16 680	154	154			
江　苏	286 736	48 701	14 528	28 850	4 293	955
浙　江	10 021	10 500	3 925	3 835	412	21
安　徽	90 184	45 510	27 975	16 088	1 155	
福　建	1 435	29 898	5 721	4 128	6 816	559
江　西	11 657	43 909	12 953	25 864	5 092	3 846
山　东	25 470	2 718	1 112	1 296	134	
河　南	2 256	810	68	733	9	1 821
湖　北	76 819	19 448	15 867	3 268	313	
湖　南	6 321	22 946	8 509	13 599	221	
广　东	4 650	18 051	3 448	6 221	845	166
广　西	628	3 604	416	2 795	206	70
海　南	234	124		124		539
重　庆	33	83	4	79		
四　川	201	4 105	568	3 182		
贵　州	21	32	14	18		
云　南	84	304	26	271		476
西　藏						
陕　西	2					
甘　肃	42					
青　海	74					
宁　夏	870					
新　疆	274	67		67		

各地区淡水养殖产量（五）

（按品种分）

单位：吨

地　　区	其他类	龟	鳖	蛙	珍珠（千克）	观赏鱼（万尾）
全国总计	**424 859**	**25 095**	**265 721**	**80 058**	**3 108 385**	**207 906**
北　京	152	35	117			29 778
天　津	847	160	362			47 331
河　北	4 998	3	4 864			3 194
山　西	269		269			1 257
内蒙古						9
辽　宁	14 329	5	1	13 563		
吉　林						1 655
黑龙江	33			33		
上　海	820		642			8 021
江　苏	29 816	1 427	22 455	1 552	407 415	39 046
浙　江	146 231	11 485	116 981	12 775	1 552	10 822
安　徽	28 474	2 567	11 342	5 428	469 711	1 891
福　建	13 600	173	5 044	6 485	26 000	4 337
江　西	38 385	3 170	15 334	18 877	985 300	4
山　东	3 779	33	3 582	12		8 086
河　南	3 619	39	3 479	98		19 046
湖　北	27 066	1 616	24 100	1 082	268 000	568
湖　南	23 550	1 264	7 820	7 856	950 407	360
广　东	56 518	1 730	31 843	7 656		16 810
广　西	18 501	1 165	15 381	657		28
海　南	7 878	102	1 061	6		
重　庆	343	1	130	134		4 514
四　川	5 389	101	892	3 821		6 403
贵　州	5		3	2		1 668
云　南	215	19	16	21		1 444
西　藏						
陕　西	39					1 126
甘　肃	3		3			2
青　海						
宁　夏						400
新　疆						109

各地区海洋捕捞产量（一）

（按品种分）

单位：吨

地 区	海洋捕捞产量	鱼 类					
			带 鱼	鳀 鱼	蓝圆鲹	鲐 鱼	鲅 鱼
全国总计	**12 035 946**	**8 255 051**	**1 186 841**	**598 110**	**562 982**	**492 005**	**476 208**
天 津	15 754	8 349	17	443		1 313	401
河 北	253 292	139 275	6 236	38 760		461	5 285
辽 宁	1 007 398	551 103	41 529	102 157		34 747	92 122
上 海	21 531	12 202	475			40	
江 苏	570 354	341 754	62 229	1 408		21 780	6 895
浙 江	2 821 000	1 952 559	529 633	54 284	106 660	175 671	76 028
福 建	1 908 468	1 448 938	164 638	66 008	228 438	128 056	48 873
山 东	2 350 888	1 544 599	79 619	292 934		77 835	184 162
广 东	1 429 592	1 017 051	132 140	29 565	119 149	28 619	26 361
广 西	662 954	389 776	31 279		68 243	13 630	2 213
海 南	994 715	849 435	139 046	12 551	40 492	9 853	33 868

注：海洋捕捞产量不含远洋。

各地区海洋捕捞产量（二）

（按品种分）

单位：吨

地 区	鱼 类						
	鲳 鱼	小黄鱼	海 鳗	金线鱼	沙丁鱼	石斑鱼	金枪鱼
全国总计	**364 776**	**406 868**	**340 105**	**314 922**	**135 011**	**93 999**	**38 848**
天 津	10	3 077					
河 北	479	7 759				38	
辽 宁	6 586	149 246	871	326	1 710	7 796	48
上 海	407	193	394				
江 苏	40 831	30 853	8 998		1 747	19	177
浙 江	120 636	97 252	82 423	1 661	23 245	1 035	6 521
福 建	56 271	8 233	65 225	9 847	12 728	17 610	3 236
山 东	36 174	76 119	27 900	50	13 782	1 180	708
广 东	54 114	18 139	56 348	84 584	58 287	24 608	12 926
广 西	11 483		13 728	36 165	13 453	5 509	
海 南	37 785	15 997	84 218	182 289	10 059	36 204	15 232

各地区海洋捕捞产量（三）

（按品种分）

单位：吨

地　区	甲壳类	虾	毛　虾	对　虾	鹰爪虾	蟹	梭子蟹
全国总计	**2 043 314**	**1 449 992**	**554 752**	**107 522**	**290 761**	**593 322**	**349 488**
天　津	2 780	1 924	103	82		856	447
河　北	58 281	42 497	11 778	1 302	1 738	15 784	8 452
辽　宁	196 532	143 629	45 687	3 036	8 626	52 903	23 935
上　海	9 031	3 370		82	1 208	5 661	2 533
江　苏	120 508	50 005	25 550	3 075	9 109	70 503	59 097
浙　江	695 187	569 854	220 750	16 529	161 901	125 333	70 116
福　建	289 443	162 459	56 383	17 850	36 689	126 984	74 137
山　东	299 573	256 455	116 479	4 056	41 628	43 118	28 313
广　东	221 478	142 044	46 147	42 458	18 980	79 434	45 799
广　西	110 179	61 843	26 841	15 717	6 725	48 336	27 134
海　南	40 322	15 912	5 034	3 335	4 157	24 410	9 525

各地区海洋捕捞产量（四）

（按品种分）

单位：吨

地　区	贝　类	藻　类	头足类	鱿　鱼	章　鱼	其他类	海　蜇
全国总计	**622 104**	**24 636**	**658 309**	**365 433**	**125 776**	**432 532**	**216 056**
天　津	2 624		1 931			70	
河　北	16 893		12 081	742	5 996	26 762	20 486
辽　宁	120 126	146	52 123	34 768	7 243	87 368	28 420
上　海			120	51	31	178	111
江　苏	56 365	1 619	17 411	10 319	4 554	32 697	21 556
浙　江	14 763	2 110	134 792	76 355	31 729	21 589	1 715
福　建	49 885	1 132	99 252	53 702	14 180	19 818	11 649
山　东	209 677	2 362	154 429	93 812	31 616	140 248	55 580
广　东	65 946	4 886	77 315	30 753	19 322	42 906	24 343
广　西	59 373		44 140	21 637	6 004	59 486	51 339
海　南	26 452	12 381	64 715	43 294	5 101	1 410	857

各地区海水养殖产量（一）

（按品种分）

单位：吨

地区	海水养殖产量	鱼类	鲈鱼	鲆鱼	大黄鱼	美国红鱼	石斑鱼
全国总计	**14 823 008**	**808 171**	**105 951**	**84 978**	**85 808**	**52 243**	**49 360**
天　津	14 212	2 952	40	660		75	160
河　北	329 308	12 378	170	3 959		8	
辽　宁	2 314 694	44 688	1 294	25 196			
上　海							
江　苏	785 173	46 981	456	2 496		10	
浙　江	825 730	34 226	10 158	130	3 090	7 800	80
福　建	3 038 990	170 308	14 511	2 468	71 710	10 677	11 157
山　东	3 962 643	119 722	24 529	49 391	170	3 276	140
广　东	2 490 688	308 128	43 511	678	10 838	25 052	23 595
广　西	877 408	27 695	8 739			3 297	2 392
海　南	184 162	41 093	2 543			2 048	11 836

各地区海水养殖产量（二）

（按品种分）

单位：吨

地　区	鱼类					甲壳类	虾
	鲷鱼	军曹鱼	鮰鱼	河鲀	鲽鱼		
全国总计	**45 012**	**36 356**	**16 787**	**17 111**	**5 372**	**1 061 096**	**833 009**
天　津	37			100	87	11 260	11 210
河　北				3 176	190	20 601	19 160
辽　宁			2 097	5 323		27 559	26 672
上　海							
江　苏	56			165	2 212	80 824	53 200
浙　江	3 730		60	11	65	85 735	38 057
福　建	16 861	345	3 039	1 100	286	95 816	54 984
山　东	1 392			5 974	2 108	108 813	80 504
广　东	14 613	25 467	10 800	1 214	424	348 337	293 177
广　西	6 187	212				178 081	165 520
海　南	2 136	10 332	791	48		104 070	90 525

各地区海水养殖产量（三）

（按品种分）

单位：吨

地区	甲壳类						
	虾				蟹		
	南美白对虾	斑节对虾	中国对虾	日本对虾		梭子蟹	青蟹
全国总计	**608 267**	**56 634**	**45 313**	**54 792**	**228 087**	**91 050**	**115 829**
天津	11 162		8		50	50	
河北	10 948		4 607	3 065	1 441	1 241	100
辽宁	10 846		12 324	3 081	887	860	
上海							
江苏	15 224	515	6 104	1 587	27 624	24 268	1 598
浙江	23 291	1 076	2 840	3 295	47 678	21 364	24 082
福建	36 149	4 949	3 403	7 889	40 832	15 124	23 536
山东	35 996	1 710	8 069	30 831	28 309	25 714	2
广东	234 743	34 943	7 958	4 870	55 160	2 356	41 478
广西	148 314	11 376		174	12 561		12 561
海南	81 594	2 065			13 545	73	12 472

各地区海水养殖产量（四）

（按品种分）

单位：吨

地区	贝类	牡蛎	蛤	扇贝	蛏	贻贝	蚶
全国总计	**11 082 321**	**3 642 829**	**3 538 906**	**1 407 467**	**714 434**	**702 157**	**310 380**
天津							
河北	291 124	50	43 093	242 422	82	638	3 750
辽宁	1 784 996	162 345	1 103 246	363 043	26 479	51 103	69 538
上海							
江苏	619 665	11 953	351 762	10	89 315	41 759	17 665
浙江	661 408	112 906	57 055	2 142	228 454	83 276	110 801
福建	2 171 544	1 456 106	288 793	8 741	193 708	69 930	37 469
山东	3 097 399	566 965	1 189 015	714 363	150 442	332 104	10 187
广东	1 766 263	931 945	289 009	74 740	24 934	114 394	56 131
广西	669 299	399 210	207 650	1 963	1 020	8 953	4 189
海南	20 623	1 349	9 283	43			650

各地区海水养殖产量（五）
（按品种分）

单位：吨

地　区	贝类				藻　类		
	螺	蛏	鲍	江　珧		海　带	裙带菜
全国总计	**207 838**	**714 434**	**56 511**	**30 955**	**1 541 322**	**883 602**	**109 133**
天　津							
河　北	24	32			250	250	
辽　宁		26 479	1 647		264 867	173 049	82 059
上　海							
江　苏	54 151	89 315			28 315	3 926	
浙　江	11 706	228 454	400		42 361	10 367	
福　建	2 426	193 708	41 258	17 446	598 225	452 096	954
山　东	16 295	150 442	7 861		528 113	240 896	25 770
广　东	87 332	24 934	4 780	13 509	61 135	3 018	350
广　西	34 058	1 020					
海　南	1 846		565		18 056		

各地区海水养殖产量（六）
（按品种分）

单位：吨

地　区	藻　类		其他类				
	江　蓠	紫　菜		海　参	海　胆（千克）	海水珍珠（千克）	海　蜇
全国总计	**114 722**	**107 235**	**330 098**	**130 303**	**6 169 408**	**15 781**	**59 616**
天　津							
河　北			4 955	2 128			2 299
辽　宁			192 584	59 764	2 691 356		43 041
上　海							
江　苏	737	21 910	9 388	199			1 498
浙　江	100	22 845	2 000	75			1 204
福　建	54 280	51 313	3 097	1 643			170
山　东	2 320	2 558	108 596	66 300	3 300 000		9 651
广　东	46 555	8 609	6 825	182	178 052	13 753	1 627
广　西			2 333	12		228	126
海　南	10 730		320			1 800	

各地区水产养殖面积

单位：公顷

地　　区	总面积	比上年增减	海水养殖	比上年增减	淡水养殖	比上年增减
全国总计	**7 645 223**	**362 085**	**2 080 880**	**221 567**	**5 564 343**	**140 518**
北　　京	5 003	－74			5 003	－74
天　　津	41 547	－347	3 982	－322	37 565	－25
河　　北	198 765	5 857	123 810	2 797	74 955	3 060
山　　西	14 840	479			14 840	479
内 蒙 古	108 555	2 611			108 555	2 611
辽　　宁	961 167	128 562	763 101	132 401	198 066	－3 839
吉　　林	273 840	43 630			273 840	43 630
黑 龙 江	308 789	22 809			308 789	22 809
上　　海	25 250	－1 021			25 250	－1 021
江　　苏	750 082	24 707	192 426	19 672	557 656	5 035
浙　　江	312 856	－1 112	93 905	－609	218 951	－503
安　　徽	528 688	18 874			528 688	18 874
福　　建	231 469	7 502	137 636	3 694	93 833	3 808
江　　西	425 462	8 406			425 462	8 406
山　　东	757 673	71 470	500 946	59 543	256 727	11 927
河　　南	209 830	5 704			209 830	5 704
湖　　北	656 717	6 988			656 717	6 988
湖　　南	393 981	10 981			393 981	10 981
广　　东	563 411	1 253	199 258	4 492	364 153	－3 239
广　　西	221 669	3 842	51 287	617	170 382	3 225
海　　南	54 207	743	14 529	－718	39 678	1 461
重　　庆	76 390	23 531			76 390	23 531
四　　川	183 226	4 198			183 226	4 198
贵　　州	29 855	4 338			29 855	4 338
云　　南	107 791	32 505			107 791	32 505
西　　藏	40	－14			40	－14
陕　　西	39 838	－75 825			39 838	－75 825
甘　　肃	12 585	21			12 585	21
青　　海	37 982	4 482			37 982	4 482
宁　　夏	40 426	7 129			40 426	7 129
新　　疆	73 289	－144			73 289	－144

各地区淡水养殖面积

单位：公顷

地区	按水域分					
	池塘	湖泊	水库	河沟	其他	稻田
全国总计	**2 377 001**	**1 007 103**	**1 795 579**	**264 126**	**120 534**	**1 326 113**
北京	4 526	140	260		77	
天津	30 997		5 705	470	393	
河北	26 995	4 142	41 449	1 719	650	6 581
山西	1 825	2 140	10 584	96	195	
内蒙古	15 590	41 082	47 441	4 442		2 401
辽宁	52 370		103 363	2 709	39 624	101 276
吉林	27 477	88 383	157 974	2	4	
黑龙江	86 947	96 303	101 246	17 689	6 604	24 974
上海	22 094	283		2 454	419	1 840
江苏	356 493	94 087	23 144	65 903	18 029	163 899
浙江	72 060	3 273	98 672	39 283	5 663	84 502
安徽	186 077	202 803	83 214	44 004	12 590	51 342
福建	34 355	800	51 630	4 913	2 135	19 318
江西	148 619	103 703	154 188	14 824	4 128	66 498
山东	120 912	19 656	106 736	7 016	2 407	208
河南	80 097	2 460	119 299	7 701	273	820
湖北	340 392	196 168	110 772	5 713	3 672	163 432
湖南	186 770	89 980	115 235	733	1 263	–
广东	272 038	2 427	77 509	2 339	9 840	5 527
广西	76 250		85 360	6 540	2 232	45 547
海南	22 749	295	16 432	1	201	–
重庆	41 760		26 552	7 489	589	41 524
四川	97 966	4 078	65 568	15 539	75	314 413
贵州	2 996	125	25 358	1 124	252	116 093
云南	33 715	14 046	58 668	1 303	59	111 966
西藏	40					
陕西	9 543	7 466	19 914	1 640	1 275	365
甘肃	1 078	35	11 349	3	120	1
青海	1 420	4 500	32 062			
宁夏	14 030	24 238	1 073	1 085		3 586
新疆	8 820	4 490	44 822	7 392	7 765	

各地区海水养殖面积

单位：公顷

地区	海水养殖面积	按养殖水域分			按养殖方式分		
		海上	滩涂	其他	普通网箱（平方米）	深水网箱（立方水体）	工厂化（立方水体）
全国总计	**2 080 880**	**1 142 939**	**652 715**	**285 226**	**17 222 380**	**5 035 463**	**12 612 010**
天津	3 982			3 982			289 700
河北	123 810	77 046	33 881	12 883			869 073
辽宁	763 101	547 225	139 019	76 857	574 192	1 140 000	1 661 234
上海							
江苏	192 426	41 971	114 621	35 834		2 650	378 478
浙江	93 905	17 377	44 744	31 784	1 502 526	710 749	136 420
福建	137 636	60 729	55 208	21 699	9 252 076	357 717	3 558 472
山东	500 946	321 044	154 534	25 368	1 276 516	2 418 488	5 017 628
广东	199 258	59 079	81 106	59 073	3 119 595	239 207	326 673
广西	51 287	15 594	20 468	15 225	184 680	96 363	
海南	14 529	2 874	9 134	2 521	1 312 795	70 289	374 332

全国水产苗种增减情况

指标	单位	2010 年	2009 年	2010 年比 2009 年增减绝对量
淡水鱼苗	亿尾	3 607	9 816	-6 209
罗非鱼	亿尾	216	308	-91
淡水鱼种	吨	3 086 327	2 973 360	112 967
投放鱼种	吨	3 399 979	3 200 911	199 068
河蟹育苗量	千克	648 250	787 521	-139 271
扣蟹	千克	35 357 492	42 625 849	-7 268 357
稚鳖	万只	48 257	51 144	-2 887
稚龟	万只	5 878	5 480	398
鳗苗捕捞量	千克	26 134	24 559	1 575
海水鱼苗	万尾	445 016	387 441	57 575
大黄鱼	万尾	231 508	211 951	19 557
鲆鱼	万尾	32 785	30 373	2 412
虾类育苗量	亿尾	5 650	6 597	-946
南美白对虾	亿尾	4 635	4 484	151
贝类育苗量	亿粒	11 984	12 355	-371
鲍鱼	万粒	500 529	347 595	152 934
海带育苗量	亿株	303	262	41
紫菜育苗量	亿贝壳	26	14	13
海参	亿头	553	518	34

全国水产养殖产量、面积和每公顷产量

指 标	产 量 （吨）	面 积 （公顷）	单 产 （吨/公顷）
总 计	**38 288 351**	**7 645 223**	**5.01**
海水养殖	**14 823 008**	**2 080 880**	**7.12**
按水域分			
海上	7 708 505	1 142 939	6.74
滩涂	5 485 416	652 715	8.40
其他	1 629 087	285 226	5.71
其中：			
池塘	1 978 317	413 838	4.78
普通网箱	324 882	17 222 380 （平方米）	18.86 （千克/平方米）
深水网箱	55 517	5 035 463 （立方米水体）	11.03 （千克/立方米水体）
筏式	4 033 368	347 190	11.62
吊笼	868 094	98 902	8.78
底播	4 019 421	848 182	4.74
工厂化	114 594	12 612 010 （立方米水体）	9.09 （千克/立方米水体）
淡水养殖	**23 465 343**	**5 564 343**	**4.22**
按水域分			
池塘	16 477 168	2 377 001	6.93
湖泊	1 536 629	1 007 103	1.53
水库	2 844 430	1 795 579	1.58
河沟	742 704	264 126	2.81
以上四项小计	21 600 931	5 443 809	3.97
其他	621 680	120 534	5.16
稻田养成鱼	1 242 732	1 326 113	0.94
其中：			
围栏	522 978	251 2541 715 （平方米）	0.21 （千克/平方米）
网箱	1 130 855	143 467 336 （平方米）	7.88 （千克/平方米）
工厂化	167 235	25 937 210 （立方米水体）	6.45 （千克/立方米水体）

各地区水产品加工（一）

地区	水产加工企业		水产冷库			
	企业数（个）	加工能力（吨/年）	冷库（座）	冻结能力（吨/日）	冷藏能力（吨/次）	制冰能力（吨/日）
全国总计	**9 762**	**23 884 991**	**7 970**	**490 960**	**4 081 949**	**246 847**
北京	5	7 685	211	71	24 232	116
天津	5	1 965	20	232	200 945	40
河北	262	507 666	237	6 046	55 984	4 608
山西						
内蒙古	37	7 190	35	360	2 724	291
辽宁	1 017	2 618 929	817	65 684	637 610	18 797
吉林	19	24 757	19	125	1 185	2
黑龙江	30	4 700	20	320	2 980	66
上海	20	50 456	31	1 022	11 820	376
江苏	983	1 195 323	995	23 500	139 239	17 454
浙江	2 198	2 369 597	1 396	33 008	796 835	29 255
安徽	105	147 445	295	9 121	21 027	618
福建	1 156	2 769 183	728	14 209	352 081	16 253
江西	124	158 467	136	1 894	20 328	909
山东	1 942	7 128 287	1 816	237 972	1 330 614	110 856
河南	41	43 135	59	761	7 185	155
湖北	216	1 151 760	261	54 771	64 704	16 393
湖南	97	69 020	89	5 710	40 194	1 824
广东	1 174	4 231 133	540	17 498	261 579	15 272
广西	218	941 917	48	2 136	69 538	2 804
海南	42	372 621	131	3 860	31 167	10 664
重庆	3	380	7	12 025	5 010	26
四川	7	28 840	5	90	460	13
贵州	17	5 146	12	24	218	19
云南	33	43 439	19	213	1 751	33
西藏						
陕西	3	2 800	5	35	36	3
甘肃	1	200			2	
青海						
宁夏						
新疆	7	2 950	38	273	2 501	

各地区水产品加工（二）

单位：吨

地 区	水产加工品总量	淡水加工	海水加工	水产冷冻品	冷冻品	冷冻加工品
全国总计	**16 332 475**	**2 822 823**	**13 509 652**	**10 048 886**	**5 529 952**	**4 518 934**
北 京	3 790	1 290	2 500	3 606	302	3 304
天 津	616	616		500	500	
河 北	139 271	12 300	126 971	57 600	19 347	38 253
山 西						
内 蒙 古	8 114	8 114		6 338	5 788	550
辽 宁	2 007 041	32 646	1 974 395	1 314 795	607 660	707 135
吉 林	10 385	10 385		820	80	740
黑 龙 江	2 025	2 025		1 255	1 255	
上 海	12 373	9 681	2 692	9 726	4 245	5 481
江 苏	1 069 306	561 274	508 032	523 019	338 394	184 625
浙 江	2 124 413	129 748	1 994 665	1 624 619	1 185 631	438 988
安 徽	93 411	93 411		66 657	35 400	31 257
福 建	2 432 677	138 245	2 294 432	1 183 227	754 225	429 002
江 西	252 906	252 906		96 550	60 197	36 353
山 东	4 885 897	153 414	4 732 483	2 918 145	1 650 040	1 268 105
河 南	16 060	16 060		12 401	6 320	6 081
湖 北	674 116	674 116		288 908	94 738	194 170
湖 南	64 484	64 484		25 757	19 897	5 860
广 东	1 442 633	396 370	1 046 263	976 351	324 968	651 383
广 西	583 839	112 453	471 386	504 349	103 320	401 029
海 南	475 119	119 286	355 833	404 975	290 355	114 620
重 庆	107	107				
四 川	2 178	2 178		1 955	197	1 758
贵 州	3 386	3 386		2 411	2 411	
云 南	23 813	23 813		22 764	22 764	
西 藏						
陕 西	2 640	2 640		640	640	
甘 肃	50	50		50	50	
青 海						
宁 夏						
新 疆	1 825	1 825		1 468	1 228	240

各地区水产品加工（三）

单位：吨

地　区	水产加工品总量						
	鱼糜制品及干腌制品	鱼糜制品	干腌制品	藻类加工品	罐制品	水产饲料（鱼粉）	鱼油制品
全国总计	**2 426 975**	**962 006**	**1 464 969**	**945 864**	**243 109**	**1 492 896**	**38 840**
北　京						160	
天　津							
河　北	15 328	470	14 858		6 168	58 055	35
山　西							
内蒙古	88		88	1 238	450		
辽　宁	168 503	53 184	115 319	298 569	18 652	67 252	1 960
吉　林	9 545	105	9 440				20
黑龙江	770		770				
上　海							
江　苏	47 743	19 007	28 736	16 074	9 571	464 500	
浙　江	278 110	114 827	163 283	15 847	28 116	148 544	974
安　徽	16 094	6 248	9 846	0	2 450	8 080	
福　建	466 735	252 743	213 992	334 261	39 766	274 988	17 065
江　西	125 359	39 989	85 370	1 491	4 105	17 349	400
山　东	652 979	240 500	412 479	266 121	37 192	317 944	16 801
河　南	886	63	823	240	233	200	
湖　北	353 249	124 156	229 093		30 897		
湖　南	34 343	6 347	27 996		1 612	2 486	
广　东	200 124	90 474	109 650	2 962	63 158	114 491	625
广　西	28 715	12 949	15 766		163	2 327	960
海　南	26 745	934	25 811	8 585		14 520	
重　庆	107		107				
四　川	223		223				
贵　州	975	10	965				
云　南	47		47	476	526		
西　藏							
陕　西						2 000	
甘　肃							
青　海							
宁　夏							
新　疆	307		307		50		

各地区水产品加工（四）

单位：吨

地　区	水产加工品总量			用于加工的水产品量		
	其他水产加工品	助剂和添加剂	珍　珠（千克）		淡水产品	海水产品
全国总计	**1 135 905**	**80 072**	**544 346**	**17 783 457**	**4 273 275**	**13 510 182**
北　京	24	24		4 479	1 538	2 941
天　津	116			616	616	
河　北	2 085			456 145	15 079	441 066
山　西						
内 蒙 古				8 697	8 697	
辽　宁	137 310	2 105		2 362 686	39 090	2 323 596
吉　林				45 067	45 067	
黑 龙 江				2 795	2 795	
上　海	2 647			13 023	10 424	2 599
江　苏	8 399	155	58 600	1 159 031	601 882	557 149
浙　江	28 203	8 336	875	2 531 714	164 697	2 367 017
安　徽	130	30	15 020	144 037	144 037	
福　建	116 635	4 150		2 623 129	218 930	2 404 199
江　西	7 652	529	380 500	436 903	436 903	
山　东	676 715	59 911	3 500	3 159 751	76 192	3 083 559
河　南	2 100			38 311	38 311	
湖　北	1 062	105	6 800	1 119 640	1 119 640	
湖　南	286		73 546	106 573	106 573	
广　东	84 922	230	5 505	2 140 646	656 098	1 484 548
广　西	47 325	4 497		625 080	139 879	485 201
海　南	20 294			753 912	395 605	358 307
重　庆				330	330	
四　川				5 870	5 870	
贵　州				3 876	3 876	
云　南				35 731	35 731	
西　藏						
陕　西				3 020	3 020	
甘　肃				50	50	
青　海						
宁　夏						
新　疆				2 345	2 345	

各地区渔船年末拥有量（一）

地区	渔船合计		机动渔船			
	艘	总吨	艘	海洋渔业	总吨	海洋渔业
全国总计	**1 065 645**	**9 408 197**	**675 170**	**297 734**	**8 801 975**	**7 071 197**
北京	246	3 936	25	6	3 921	3 846
天津	3 656	30 075	2 468	594	29 411	27 952
河北	17 613	230 149	13 127	10 279	226 663	219 299
山西	354	597	233		515	
内蒙古	1 794	3 002	1 326		2 647	
辽宁	48 238	769 920	45 072	42 926	765 557	756 447
吉林	7 326	8 307	4 029		6 659	
黑龙江	17 571	20 732	11 621		17 046	
上海	2 216	117 747	1 788	592	117 504	109 752
江苏	263 773	1 317 869	131 608	11 964	980 683	283 342
浙江	82 312	2 347 109	50 503	32 922	2 311 109	2 251 936
安徽	57 561	386 027	30 941		320 443	
福建	67 150	860 408	64 058	60 167	857 126	851 435
江西	51 727	180 465	30 599		161 249	
山东	118 662	1 075 353	75 252	44 808	1 045 341	920 554
河南	14 232	30 977	4 909		22 728	
湖北	110 082	169 334	50 587		114 145	
湖南	25 257	40 237	13 149		32 206	
广东	74 141	821 982	68 883	55 416	814 596	783 769
广西	28 569	360 346	27 742	11 652	359 029	338 276
海南	26 716	411 692	26 518	26 060	411 142	363 313
重庆	7 084	13 758	5 752		12 749	
四川	15 519	15 726	7 340		10 047	
贵州	9 102	12 295	3 929		8 661	
云南	10 701	10 814	1 208		3 375	
西藏	66	68	7		11	
陕西	1 712	3 056	943		2 186	
甘肃	80	85	12		51	
青海	175	693	172		693	
宁夏	14	78	14		78	
新疆	1 648	4 084	1 007		3 128	

注：全国总计包括中农发集团的数据。

各地区渔船年末拥有量（二）

地　区	机动渔船		非机动渔船			
	千　瓦	海洋渔业	艘	海洋渔业	总　吨	海洋渔业
全国总计	**20 742 025**	**15 622 494**	**390 475**	**18 341**	**606 222**	**17 005**
北　京	6 045	4 587	221		15	
天　津	72 176	57 477	1 188		564	
河　北	511 558	463 983	4 486	52	3 486	439
山　西	3 558		121		82	
内蒙古	17 991		468		355	
辽　宁	1 596 003	1 575 507	3 166	890	4 363	1 266
吉　林	42 588		3 297		1 648	
黑龙江	106 496		5 950		3 686	
上　海	187 415	164 898	428		243	
江　苏	2 928 963	661 287	132 165	616	337 186	988
浙　江	4 297 613	4 119 058	31 809	1 289	36 000	2 320
安　徽	419 254		26 620		65 584	
福　建	2 294 735	2 268 540	3 092	2 487	3 282	2 866
江　西	342 380		21 128		19 216	
山　东	2 298 903	1 881 354	43 410	6 985	30 012	3 059
河　南	82 199		9 323		8 249	
湖　北	417 952		59 495		55 189	
湖　南	89 868		12 108		8 031	
广　东	2 406 718	2 268 180	5 258	2 855	7 386	4 907
广　西	973 802	750 238	827	229	1 317	1 025
海　南	1 156 486	1 147 689	198	2 938	550	135
重　庆	46 448		1 332		1 009	
四　川	67 020		8 179		5 579	
贵　州	59 149		5 173		3 634	
云　南	24 083		9 493		7 439	
西　藏	62		59		57	
陕　西	10 805		769		370	
甘　肃	481		68		34	
青　海	3 755		3			
宁　夏	1 320					
新　疆	16 503		641		956	

调整后历年产量对照表

单位：吨

年　份	调整前水产品总产量	调整后水产品总产量	海洋捕捞	远洋渔业	海水养殖	淡水捕捞	淡水养殖
1980	517.35	517.35	312.21		77.75	37.24	90.15
1985	801.69	801.69	386.86		124.65	52.26	237.92
1986	935.76	935.76	432.21	1.99	150.08	58.32	295.15
1987	1 091.93	1 091.93	486.30	6.39	192.61	64.61	348.41
1988	1 225.32	1 225.32	514.30	9.64	249.29	71.98	389.75
1989	1 332.58	1 332.58	559.04	10.71	275.73	80.78	417.03
1990	1 427.26	1 427.26	611.49	17.09	284.22	85.64	445.91
1991	1 572.99	1 572.99	676.70	32.35	333.31	100.39	462.59
1992	1 824.46	1 824.46	767.27	46.43	424.31	99.09	533.79
1993	2 152.31	2 152.31	851.75	56.22	540.23	112.07	648.26
1994	2 515.69	2 515.69	994.44	68.83	604.80	126.79	789.66
1995	2 953.04	2 953.04	1 139.75	85.68	721.51	151.02	940.76
1996	3 280.72	3 280.72	1 245.64	92.65	765.89	175.43	1 093.76
1997	3 601.78	3 118.59	1 196.44	103.70	691.66	163.45	1 067.04
1998	3 906.65	3 382.66	1 292.56	91.31	751.99	197.51	1 140.60
1999	4 122.43	3 570.15	1 293.37	89.91	851.89	197.95	1 226.94
2000	4 278.99	3 706.23	1 275.95	86.52	927.96	193.44	1 308.88
2001	4 382.09	3 795.92	1 244.12	88.49	989.38	186.23	1 376.20
2002	4 565.18	3 954.86	1 237.98	109.64	1 060.47	194.71	1 461.69
2003	4 706.11	4 077.02	1 236.97	115.77	1 095.86	213.28	1 530.92
2004	4 901.77	4 246.57	1 253.18	145.11	1 151.29	209.60	1 632.49
2005	5 101.65	4 419.86	1 255.08	143.81	1 210.81	220.97	1 733.00
2006	5 290.40	4 583.60	1 245.47	109.07	1 264.16	220.38	1 853.59
2007		4 747.52	1 243.55	107.52	1 307.34	225.64	1 970.99
2008		4 895.60	1 149.63	108.33	1 340.32	224.82	2 072.50
2009		5 116.40	1 178.61	97.72	1 405.22	218.39	2 216.46
2010		5 373.00	1 203.59	111.64	1 482.30	228.94	2 346.53

注：1997 年及以后数据为按照农普数据调整以后统计结果，1996 年及以前统计数据为原来统计调查结果。

六、乡镇企业

全国乡镇企业主要经济指标表（一）

单位：万个、万人、亿元

指　　标	企业个数	年末人数	增加值	总产值
总　　计	**2 742.5**	**15 892.6**	**112 231.5**	**464 675.7**
按登记注册类型分组				
内资企业小计	2 732.8	14 922.8	103 278.6	419 724.3
集体企业	11.6	389.9	2 816.2	11 700.5
股份合作企业	18.9	254.6	1 692.5	6 821.1
联营企业	8.8	95.8	666.2	2 517.5
有限责任公司	65.7	2 099.7	21 423.1	91 209.9
股份有限公司	14.1	360.0	4 538.9	20 692.6
私营企业	487.9	5 645.9	42 737.3	182 187.3
个体工商户	2 125.8	6 076.8	29 404.3	104 595.6
港、澳、台商投资企业	6.0	557.6	4 181.0	21 237.9
外商投资企业	3.6	412.2	4 771.9	23 713.5
按国民经济行业分组				
农林牧渔业	17.4	181.0	1 139.2	4 419.3
工业	294.1	7 105.3	64 769.2	288 293.8
采矿业	16.8	474.0	5 386.9	18 729.4
制造业	273.9	6 557.5	58 510.5	265 662.0
电力、燃气及水的生产和供应业	3.4	73.7	871.8	3 902.4
建筑业	20.8	803.8	4 595.5	19 154.6
资质等级企业	5.5	360.1	2 047.9	8 496.2
交通运输仓储业	53.9	277.4	2 195.9	8 300.4
批发零售业	125.0	676.9	5 312.8	22 259.9
住宿及餐饮业	44.9	361.9	2 000.6	7 301.0
餐饮业	23.3	183.6	1 001.4	3 499.6
服务和娱乐业	33.0	214.2	1 359.8	4 832.0
其他	27.6	195.4	1 454.1	5 519.0

注：1. 按国民经济行业分组中不含个体工商户。
　　2. 服务和娱乐业包括居民服务、其他服务业和娱乐业。

全国乡镇企业主要经济指标表（二）

单位：亿元

指　　标	营业收入	利润总额	上缴税金	劳动者报酬
总　计	**444 420.2**	**27 187.3**	**11 328.0**	**20 476.6**
按登记注册类型分组				
内资企业小计	400 387.1	24 807.4	10 201.1	18 685.3
集体企业	11 866.6	719.1	347.4	527.4
股份合作企业	6 635.7	363.8	184.9	363.2
联营企业	2 443.0	122.6	73.1	136.9
有限责任公司	90 310.9	4 806.6	2 674.6	3 067.3
股份有限公司	19 114.2	1 134.5	587.2	633.3
私营企业	180 366.5	10 097.8	4 325.5	7 647.6
个体工商户	89 650.2	7 563.0	2 008.4	6 309.5
港、澳、台商投资企业	20 987.6	1 094.3	555.3	890.5
外商投资企业	23 045.5	1 285.5	571.6	900.8
按国民经济行业分组				
农林牧渔业	4 204.0	279.1	68.5	217.3
工业	280 493.0	15 206.7	7 383.1	10 367.3
采矿业	17 730.4	1 512.6	809.1	936.1
制造业	259 020.8	13 434.6	6 436.5	9 301.1
电力、燃气及水的生产和供应业	3 741.8	259.5	137.4	130.2
建筑业	18 032.9	995.4	501.5	1 199.5
资质等级企业	7 884.0	562.5	220.3	633.6
交通运输仓储业	6 889.2	512.1	202.9	422.9
批发零售业	27 213.8	1 326.4	574.9	910.7
住宿及餐饮业	7 347.7	499.4	225.5	454.7
餐饮业	3 530.0	232.9	102.3	234.2
服务和娱乐业	5 041.4	356.4	169.6	305.4
其他	5 548.1	448.9	193.5	289.3

各地区乡镇企业单位数（一）

单位：个

地　区	合　计	农林牧渔业	工业企业	建筑业	交通运输仓储业
全国总计	**6 167 031**	**173 522**	**2 941 079**	**208 423**	**538 697**
北　京	22 769	341	12 773	920	1 292
天　津	41 573		41 573		
河　北	157 890	3 582	101 013	6 902	4 399
山　西	71 927	3 385	32 105	3 384	8 626
内蒙古	166 823	2 627	35 655	3 108	19 429
辽　宁	145 398		36 793	2 875	31 556
吉　林	75 466	5 895	23 749	1 709	15 316
黑龙江	62 339	284	24 488	2 210	7 348
上　海	33 996		33 996		
江　苏	652 969	3 296	345 321	10 861	50 332
浙　江	772 844	1 325	490 435	3 756	41 053
安　徽	255 065	5 251	218 277	15 468	4 226
福　建	252 469	9 787	117 504	8 291	17 341
江　西	158 080	10 521	64 407	10 200	14 190
山　东	596 687	8 933	297 090	21 397	34 001
河　南	265 905	27 735	141 140	12 134	10 724
湖　北	276 656	7 551	81 032	13 438	31 994
湖　南	851 958	45 078	325 293	45 735	132 795
广　东	393 360	6 849	175 535	10 752	19 192
广　西	248 842	1 954	60 782	4 807	40 721
海　南	15 832	1 900	4 082	676	791
重　庆	73 135	4 027	26 700	5 307	4 664
四　川	251 339	8 749	84 659	7 826	22 755
贵　州					
云　南	33 654	1 125	18 072	1 213	1 398
西　藏					
陕　西	111 532	7 452	69 285	7 979	1 239
甘　肃	34 612	1 383	16 303	2 157	2 932
青　海	8 126	103	3 120	155	596
宁　夏	19 335	492	5 456	731	5 698
新　疆	13 805	1 003	7 402	455	1 067

注：各地区乡镇企业主要经济指标数据不含个体工商户（下同）。

各地区乡镇企业单位数（二）

单位：个

地　区	批发零售业	住宿及餐饮业	社会服务业	其他企业
全国总计	**1 250 086**	**448 597**	**330 462**	**276 165**
北　京	3 758	999	2 103	583
天　津				
河　北	22 898	8 279	6 953	3 864
山　西	14 454	6 014	2 939	1 020
内蒙古	58 401	26 729	16 827	4 047
辽　宁	45 187	12 908	9 790	6 289
吉　林	16 730	6 843	4 129	1 095
黑龙江	13 523	8 694	5 197	595
上　海				
江　苏	130 175	40 584	46 399	26 001
浙　江	141 942	29 885	33 119	31 329
安　徽	5 976	3 465	1 739	663
福　建	50 310	19 596	15 763	13 877
江　西	22 672	16 105	10 306	9 679
山　东	126 933	46 154	32 786	29 393
河　南	27 938	10 916	9 723	25 595
湖　北	65 615	36 442	27 565	13 019
湖　南	170 358	60 902	27 740	44 057
广　东	103 975	33 712	19 517	23 828
广　西	80 644	23 917	15 466	20 551
海　南	3 260	3 542	1 169	412
重　庆	18 724	2 528	7 763	3 422
四　川	66 995	28 354	22 121	9 880
贵　州				
云　南	6 429	2 430	2 276	711
西　藏				
陕　西	18 376	4 484	1 573	1 144
甘　肃	8 272	2 298	492	775
青　海	2 124	1 566	450	12
宁　夏	5 061	1 042	790	65
新　疆	1 350	779	1 054	695

各地区乡镇企业从业人员（一）

单位：人

地区	合计	农林牧渔业	工业企业	建筑业	交通运输仓储业
全国总计	**98 157 502**	**1 809 511**	**71 052 541**	**8 037 819**	**2 773 684**
北京	846 440	10 006	520 548	76 352	27 097
天津	1 353 565		1 353 565		
河北	5 742 060	65 794	4 385 649	513 502	86 629
山西	2 465 431	48 123	1 709 391	182 984	112 077
内蒙古	1 642 967	31 169	835 863	189 274	63 111
辽宁	3 570 409		2 011 647	236 804	310 587
吉林	1 262 010	63 517	683 095	115 024	46 320
黑龙江	839 483	2 176	524 380	76 804	39 265
上海	2 390 659		2 390 659		
江苏	16 044 369	74 798	12 382 114	1 162 670	341 917
浙江	11 490 124	14 812	9 972 265	582 964	94 903
安徽	3 461 644	48 357	2 866 059	455 477	20 958
福建	5 984 961	160 801	4 577 374	295 531	129 280
江西	3 144 062	119 217	1 905 583	323 076	139 911
山东	13 036 285	201 832	9 225 510	1 102 116	391 964
河南	5 937 214	292 578	4 146 897	543 806	109 373
湖北	5 003 651	152 708	2 793 299	569 977	175 525
湖南	6 865 395	332 144	4 572 939	751 074	295 443
广东	11 150 022	94 416	9 430 351	276 988	130 883
广西	2 858 592	35 888	1 804 648	117 359	144 360
海南	212 806	28 500	79 622	18 638	7 085
重庆	2 352 419	59 893	1 274 385	572 929	75 467
四川	5 078 015	125 418	3 116 375	650 182	197 211
贵州					
云南	1 563 090	47 859	979 966	288 434	36 739
西藏					
陕西	2 487 112	73 125	1 542 332	169 681	240 494
甘肃	1 154 323	27 967	571 189	332 827	60 997
青海	89 218	1 602	61 477	8 304	2 985
宁夏	264 267	11 975	159 531	45 171	15 658
新疆	307 902	26 173	209 404	23 052	10 946

各地区乡镇企业从业人员（二）

单位：人

地　　区	批发零售业	住宿及餐饮业	社会服务业	其他企业
全国总计	**6 769 192**	**3 619 053**	**2 141 728**	**1 953 974**
北　　京	65 641	34 157	97 763	14 876
天　　津				
河　　北	354 833	146 728	110 132	78 793
山　　西	240 560	116 918	39 250	16 128
内 蒙 古	252 678	162 545	86 142	22 185
辽　　宁	517 836	237 530	142 525	113 480
吉　　林	214 127	94 432	24 999	20 496
黑 龙 江	95 573	55 192	37 128	8 965
上　　海				
江　　苏	944 175	409 801	366 499	362 395
浙　　江	450 329	144 734	139 908	90 209
安　　徽	18 193	18 844	9 528	24 228
福　　建	357 122	226 582	142 335	95 936
江　　西	227 295	170 316	111 133	147 531
山　　东	1 004 917	563 584	293 361	253 001
河　　南	363 915	209 757	76 852	194 036
湖　　北	579 559	325 002	203 550	204 031
湖　　南	454 487	218 165	83 161	157 982
广　　东	522 027	408 241	185 103	102 013
广　　西	334 431	147 783	85 241	188 882
海　　南	28 477	32 531	10 459	7 494
重　　庆	180 696	82 416	43 505	63 128
四　　川	385 407	287 058	186 940	129 424
贵　　州				
云　　南	97 634	44 890	49 417	18 151
西　　藏				
陕　　西	292 681	139 922	21 773	7 104
甘　　肃	102 573	33 854	10 496	14 420
青　　海	7 279	5 281	2 154	136
宁　　夏	17 824	9 437	3 444	1 227
新　　疆	10 081	10 819	9 628	7 799

各地区乡镇企业增加值（一）

单位：万元

地　　区	合　计	农林牧渔业	工业企业	建筑业	交通运输仓储业
全国总计	**828 272 119**	**11 392 128**	**647 691 736**	**45 955 178**	**21 958 561**
北　　京	6 603 927	33 936	4 141 511	556 428	155 223
天　　津	13 918 283		13 918 283		
河　　北	62 873 729	574 242	51 351 907	2 776 561	1 653 724
山　　西	21 068 874	167 979	17 259 947	1 006 543	757 598
内 蒙 古	10 768 780	226 262	7 135 022	752 072	390 175
辽　　宁	59 139 377		39 890 374	3 221 486	4 529 523
吉　　林	8 908 734	410 815	6 564 273	465 335	255 189
黑 龙 江	5 383 902	9 686	3 620 679	596 480	214 820
上　　海	27 029 577		27 029 577		
江　　苏	188 330 952	563 240	152 373 758	7 422 651	2 623 483
浙　　江	91 121 679	101 317	81 203 064	3 112 663	778 894
安　　徽	12 763 863	141 211	10 460 497	1 837 035	53 482
福　　建	40 515 461	609 604	34 010 056	1 533 399	655 129
江　　西	20 912 602	422 397	15 604 323	1 163 907	664 283
山　　东	151 045 571	2 489 510	115 627 366	8 605 225	4 556 906
河　　南	40 696 146	1 052 372	32 778 573	1 754 171	585 698
湖　　北	37 871 724	1 139 457	28 467 301	2 045 918	1 101 963
湖　　南	33 230 388	1 227 237	21 741 450	3 812 351	1 710 177
广　　东	57 527 304	480 367	49 930 020	1 371 042	688 413
广　　西	8 580 790	93 125	6 792 884	248 796	305 094
海　　南	592 605	69 083	288 241	52 696	19 322
重　　庆	15 201 225	222 682	9 704 555	2 466 407	388 928
四　　川	41 424 916	696 766	32 742 225	3 036 173	880 688
贵　　州					
云　　南	8 854 245	144 848	6 772 094	707 262	186 581
西　　藏					
陕　　西	11 340 131	386 926	8 919 416	466 005	6 794
甘　　肃	3 984 386	83 082	2 615 973	624 815	128 131
青　　海	344 784	1 775	292 367	20 249	5 768
宁　　夏	1 521 729	41 061	1 075 313	110 770	43 147
新　　疆	1 919 938	187 051	1 492 008	149 507	17 985

各地区乡镇企业增加值（二）

单位：万元

地 区	批发零售业	住宿及餐饮业	社会服务业	其他企业
全国总计	**53 128 459**	**20 006 340**	**13 598 475**	**14 541 242**
北 京	768 392	138 027	578 056	232 354
天 津				
河 北	3 915 823	989 540	869 863	742 069
山 西	1 081 357	496 649	192 666	106 135
内蒙古	1 268 853	521 752	353 437	121 207
辽 宁	5 351 323	2 909 024	1 368 677	1 868 970
吉 林	525 320	389 747	160 968	137 087
黑龙江	545 368	234 423	142 112	20 334
上 海				
江 苏	15 311 528	2 736 262	3 066 399	4 233 631
浙 江	4 025 948	562 906	773 577	563 310
安 徽	63 098	48 606	44 940	114 994
福 建	1 974 104	719 804	526 153	487 212
江 西	1 137 772	735 799	335 034	849 087
山 东	9 834 053	4 758 468	3 060 648	2 113 395
河 南	2 088 725	831 532	634 240	970 835
湖 北	2 661 791	1 181 141	800 982	473 171
湖 南	2 680 121	1 075 682	414 083	569 287
广 东	2 096 792	1 090 227	1 077 330	793 113
广 西	636 408	253 799	118 373	132 311
海 南	71 876	53 662	14 536	23 189
重 庆	1 156 862	469 867	188 097	603 827
四 川	1 700 604	841 005	742 088	785 367
贵 州				
云 南	626 510	160 640	150 904	105 406
西 藏				
陕 西	1 220 953	212 152	69 774	58 111
甘 肃	387 072	77 255	28 788	39 270
青 海	10 868	9 421	2 554	1 782
宁 夏	210 855	16 596	9 848	14 139
新 疆	28 937	17 440	14 267	12 743

各地区乡镇企业总产值（一）

单位：万元

地　　区	合　计	农林牧渔业	工业企业	建筑业	交通运输仓储业
全国总计	**3 600 800 988**	**44 193 032**	**2 882 938 122**	**191 545 853**	**83 004 238**
北　京	34 835 147	174 397	21 251 129	3 346 291	844 031
天　津	66 953 824		66 953 824		
河　北	235 964 546	1 866 477	191 604 473	9 513 342	5 234 896
山　西	70 180 780	547 452	57 368 584	2 985 281	2 454 898
内蒙古	32 862 518	772 339	21 248 490	3 027 282	1 579 383
辽　宁	228 359 136		165 201 761	11 225 454	14 019 558
吉　林	30 329 741	1 321 545	21 773 226	1 660 897	1 406 327
黑龙江	21 016 011	31 142	14 748 781	2 088 763	924 033
上　海	162 837 473		162 837 473		
江　苏	824 690 566	1 522 317	688 223 758	29 501 293	7 972 562
浙　江	531 815 956	445 854	480 990 669	21 329 791	2 915 269
安　徽	49 882 785	616 480	41 215 181	6 771 188	353 946
福　建	159 877 756	2 744 492	132 288 900	7 099 244	2 566 516
江　西	69 423 145	1 405 836	53 433 253	3 778 574	2 161 928
山　东	686 505 274	9 933 695	536 337 092	36 773 457	20 157 186
河　南	146 728 861	3 800 391	118 091 727	6 572 121	1 965 545
湖　北	125 802 512	4 041 444	91 563 206	8 585 312	3 967 858
湖　南	107 347 187	3 661 829	70 610 514	12 315 463	5 522 255
广　东	246 506 129	1 608 433	219 454 581	5 375 293	2 142 899
广　西	28 471 158	410 986	23 121 158	820 570	897 137
海　南	2 181 230	250 769	1 182 519	211 738	73 697
重　庆	53 206 451	763 205	34 143 085	8 803 741	1 405 517
四　川	138 997 940	2 497 521	109 933 286	10 039 356	3 018 244
贵　州					
云　南	35 397 138	548 813	26 982 841	3 284 988	659 783
西　藏					
陕　西	43 277 817	1 985 803	33 202 255	3 328 499	33 372
甘　肃	14 225 097	389 381	8 881 519	2 371 092	538 787
青　海	1 224 528	5 658	1 041 703	77 612	20 552
宁　夏	6 181 660	152 365	4 419 902	428 976	129 646
新　疆	7 101 919	523 831	5 605 665	592 851	65 397

各地区乡镇企业总产值（二）

单位：万元

地　区	批发零售业	住宿及餐饮业	社会服务业	其他企业
全国总计	**222 599 270**	**73 009 799**	**48 320 342**	**55 190 332**
北　京	6 248 996	384 484	1 634 639	951 180
天　津				
河　北	16 824 087	3 636 420	3 590 357	3 694 494
山　西	4 153 206	1 672 740	650 125	348 494
内蒙古	2 723 307	1 830 453	1 339 252	342 012
辽　宁	21 139 905	7 652 005	4 021 099	5 099 354
吉　林	2 113 437	1 019 917	521 453	512 939
黑龙江	1 383 563	1 096 442	702 689	40 598
上　海				
江　苏	63 666 647	7 532 741	10 351 964	15 919 284
浙　江	21 835 341	1 929 217	1 749 386	620 429
安　徽	368 918	228 003	182 021	147 048
福　建	8 313 635	2 437 529	1 840 484	2 586 956
江　西	3 963 792	2 218 921	1 044 183	1 416 658
山　东	41 380 018	18 705 308	10 918 704	12 299 814
河　南	7 636 215	2 922 643	2 287 573	3 452 646
湖　北	9 306 156	4 399 670	2 637 640	1 301 226
湖　南	8 626 636	3 442 698	1 333 720	1 834 072
广　东	9 806 230	4 604 940	2 449 632	1 064 121
广　西	1 738 517	776 936	307 576	398 278
海　南	162 487	161 388	45 244	93 388
重　庆	3 654 553	1 624 010	671 639	2 140 701
四　川	5 609 284	3 099 724	2 033 546	2 766 979
贵　州				
云　南	2 243 657	614 637	497 963	564 456
西　藏				
陕　西	2 946 909	1 088 820	393 913	298 246
甘　肃	1 497 274	283 998	121 452	141 594
青　海	35 881	33 348	7 224	2 550
宁　夏	944 914	55 093	29 008	21 756
新　疆	107 881	72 548	52 743	81 003

各地区乡镇企业营业收入（一）

单位：万元

地　　区	合　计	农林牧渔业	工业企业	建筑业	交通运输仓储业
全国总计	**3 547 700 498**	**42 039 713**	**2 804 929 601**	**180 328 774**	**68 892 313**
北　京	37 984 646	169 054	21 749 558	3 664 936	961 762
天　津	65 450 016		65 450 016		
河　北	235 454 871	1 953 474	188 670 852	11 040 363	6 331 157
山　西	65 267 808	457 302	53 264 394	2 766 121	2 303 729
内蒙古	30 933 997	770 878	19 890 859	2 398 758	1 621 627
辽　宁	215 357 926		162 056 679	11 502 501	1 452 432
吉　林	27 876 699	1 288 061	19 708 763	1 245 566	1 251 290
黑龙江	22 369 239	30 382	14 043 082	2 012 202	839 151
上　海	166 547 909		166 547 909		
江　苏	821 326 362	1 417 576	669 263 429	28 258 217	8 770 354
浙　江	535 964 885	298 412	457 299 874	17 996 386	3 121 243
安　徽	49 300 381	598 678	40 389 581	6 564 972	264 137
福　建	151 077 808	2 550 620	124 261 896	6 732 228	2 366 503
江　西	66 386 224	1 395 943	50 811 467	3 670 517	2 194 796
山　东	671 122 303	8 802 912	519 573 964	32 864 672	20 118 465
河　南	146 523 932	3 799 482	117 863 047	6 548 962	1 955 738
湖　北	123 325 085	3 954 798	90 763 579	7 693 791	3 736 195
湖　南	105 318 024	3 592 610	69 275 735	12 082 666	5 417 869
广　东	239 746 104	1 954 778	209 754 705	5 243 900	2 167 739
广　西	26 860 424	409 626	20 761 454	856 151	963 493
海　南	2 257 882	230 604	1 055 345	195 262	73 697
重　庆	52 328 504	745 052	32 186 331	7 864 373	1 289 011
四　川	134 218 573	2 292 932	105 175 123	9 382 735	2 940 736
贵　州					
云　南	37 919 448	551 262	26 111 389	3 218 298	775 201
西　藏					
陕　西	41 692 430	1 586 955	31 000 130	1 839 502	284 969
甘　肃	12 863 943	283 385	8 037 883	1 965 888	499 132
青　海	1 158 206	5 372	986 576	69 333	20 350
宁　夏	5 667 879	133 269	4 041 720	404 227	126 761
新　疆	6 833 631	453 826	5 367 212	592 280	81 936

各地区乡镇企业营业收入（二）

单位：万元

地　区	批发零售业	住宿及餐饮业	社会服务业	其他企业
全国总计	**272 138 226**	**73 476 626**	**50 414 352**	**55 480 893**
北　京	8 097 058	417 456	1 869 076	1 055 746
天　津				
河　北	16 561 373	3 752 365	3 487 845	3 657 442
山　西	3 933 043	1 593 144	625 717	324 358
内蒙古	2 716 504	1 909 194	1 262 861	363 316
辽　宁	22 821 139	7 627 783	4 288 110	5 609 282
吉　林	2 097 019	1 258 381	511 341	516 278
黑龙江	2 825 618	900 767	1 682 858	35 179
上　海				
江　苏	78 989 037	8 484 674	11 090 247	15 052 828
浙　江	48 260 548	2 219 220	3 288 781	3 480 421
安　徽	358 856	222 467	175 885	725 805
福　建	9 353 446	2 283 407	1 640 407	1 889 301
江　西	3 886 647	2 103 797	815 211	1 507 846
山　东	49 899 353	18 596 693	11 248 152	10 018 092
河　南	7 619 187	2 913 156	2 274 312	3 550 048
湖　北	9 156 284	4 335 594	2 389 697	1 295 147
湖　南	8 463 568	3 377 621	1 308 508	1 799 447
广　东	12 306 863	4 646 611	2 381 794	1 289 714
广　西	2 242 930	860 869	352 497	413 404
海　南	362 412	201 930	45 244	93 388
重　庆	5 973 171	1 458 226	671 639	2 140 701
四　川	6 363 721	3 099 894	1 954 555	3 008 877
贵　州				
云　南	5 531 048	628 085	545 084	559 081
西　藏				
陕　西	5 461 764	928 057	336 375	254 678
甘　肃	1 582 135	263 074	107 930	124 516
青　海	38 874	30 969	5 257	1 475
宁　夏	850 704	56 509	33 176	21 513
新　疆	140 628	71 858	54 443	71 448

各地区乡镇企业利润总额（一）

单位：万元

地　　区	合　计	农林牧渔业	工业企业	建筑业	交通运输仓储业
全国总计	**196 243 316**	**2 791 277**	**152 067 220**	**9 953 533**	**5 121 016**
北　京	1 892 036	11 144	1 170 313	162 857	38 846
天　津	3 403 477		3 403 477		
河　北	18 399 304	187 107	14 989 060	825 188	583 217
山　西	6 163 027	42 246	4 907 395	350 151	277 718
内蒙古	3 225 663	75 594	1 898 339	231 048	173 486
辽　宁	12 538 590		8 389 666	678 301	787 912
吉　林	2 043 287	98 813	1 363 688	191 969	83 655
黑龙江	1 227 086	2 771	771 001	106 170	71 890
上　海	8 883 127		8 883 127		
江　苏	45 974 253	99 234	36 299 330	1 763 982	738 527
浙　江	28 940 925	30 478	25 348 751	581 808	296 460
安　徽	4 252 375	84 060	3 319 740	561 565	27 642
福　建	8 815 567	168 554	6 999 011	372 053	180 324
江　西	4 550 081	104 269	3 554 568	236 614	121 505
山　东	46 562 675	831 123	36 656 031	2 382 319	1 337 796
河　南	15 840 109	462 451	12 269 221	643 397	204 753
湖　北	6 387 132	177 751	4 482 764	373 917	254 972
湖　南	4 169 264	151 649	2 785 411	410 806	205 692
广　东	12 936 120	115 301	10 275 306	444 696	192 176
广　西	1 698 842	16 890	1 367 848	45 461	64 940
海　南	185 315	20 493	98 237	14 078	6 633
重　庆	2 354 782	35 154	1 412 804	315 998	67 016
四　川	7 516 858	126 168	5 834 365	479 310	171 506
贵　州					
云　南	2 596 837	52 141	1 892 807	185 312	53 756
西　藏					
陕　西	2 026 411	91 623	1 489 178	101 066	17 602
甘　肃	765 981	26 598	478 354	113 320	23 188
青　海	53 036	1 116	39 791	4 002	1 528
宁　夏	379 873	12 028	284 494	29 138	13 784
新　疆	515 029	33 025	412 219	34 691	8 848

各地区乡镇企业利润总额（二）

单位：万元

地　区	批发零售业	住宿及餐饮业	社会服务业	其他企业
全国总计	**13 263 529**	**4 994 116**	**3 563 911**	**4 488 714**
北　京	195 416	21 548	198 999	92 913
天　津				
河　北	1 052 040	297 232	218 521	246 939
山　西	352 919	170 023	46 366	16 209
内蒙古	393 473	222 347	148 315	83 061
辽　宁	1 321 634	548 899	311 870	500 308
吉　林	124 156	115 249	48 639	17 118
黑龙江	124 567	55 661	90 270	4 756
上　海				
江　苏	4 051 181	670 426	889 334	1 462 239
浙　江	2 007 038	234 432	301 177	140 781
安　徽	33 037	26 509	17 253	182 569
福　建	588 363	227 293	127 354	152 615
江　西	205 563	111 806	86 495	129 261
山　东	2 799 790	1 244 684	687 706	623 226
河　南	813 224	350 761	280 778	815 524
湖　北	495 209	276 786	246 072	79 661
湖　南	357 871	123 853	50 124	83 858
广　东	725 305	683 196	397 805	102 335
广　西	110 999	51 394	22 421	18 889
海　南	21 774	14 396	3 365	6 339
重　庆	299 768	74 738	35 165	114 139
四　川	344 930	197 375	119 194	244 010
贵　州				
云　南	279 498	55 809	40 065	37 449
西　藏				
陕　西	233 034	57 413	20 770	15 725
甘　肃	89 502	18 417	6 402	10 200
青　海	3 063	2 657	821	58
宁　夏	28 750	5 983	3 844	1 852
新　疆	8 280	6 076	6 344	5 546

各地区乡镇企业上缴税金（一）

单位：万元

地　区	合　计	农林牧渔业	工业企业	建筑业	交通运输仓储业
全国总计	**93 196 062**	**685 342**	**73 830 956**	**5 015 264**	**2 029 452**
北　京	1 559 863	1 719	960 272	154 016	45 006
天　津	1 918 321		1 918 321		
河　北	7 247 428	28 009	5 724 103	333 353	140 383
山　西	3 981 595	14 031	3 411 112	137 946	132 745
内蒙古	1 453 206	17 526	927 430	81 283	63 739
辽　宁	4 749 388		3 411 729	298 975	205 079
吉　林	701 368	28 415	519 660	29 717	25 817
黑龙江	565 809	360	380 661	50 377	20 269
上　海	3 623 745		3 623 745		
江　苏	24 894 878	26 716	20 686 613	855 694	293 810
浙　江	14 669 945	4 313	13 034 677	643 154	99 163
安　徽	1 066 076	24 076	825 871	166 032	7 236
福　建	4 435 797	43 119	3 625 234	213 064	68 329
江　西	2 482 923	37 532	1 825 767	139 683	77 949
山　东	17 876 931	201 641	13 405 334	1 023 812	567 017
河　南	2 699 853	24 062	2 096 928	160 600	32 202
湖　北	3 230 740	38 853	2 470 413	209 434	85 779
湖　南	1 899 666	48 213	1 268 655	236 884	110 621
广　东	6 883 354	58 460	5 769 105	221 194	83 981
广　西	948 367	6 581	768 437	28 647	27 271
海　南	79 463	4 412	36 847	12 272	3 370
重　庆	1 831 498	10 891	1 223 954	249 615	41 147
四　川	4 057 354	47 607	3 168 080	305 587	76 482
贵　州					
云　南	1 455 536	6 947	1 116 954	110 969	24 850
西　藏					
陕　西	828 892	31 394	617 373	36 389	5 638
甘　肃	273 140	3 677	182 691	40 730	6 041
青　海	30 125	235	24 491	2 011	599
宁　夏	155 130	4 216	110 386	13 642	3 645
新　疆	227 772	6 105	174 458	32 530	4 056

各地区乡镇企业上缴税金（二）

单位：万元

地区	批发零售业	住宿及餐饮业	社会服务业	其他企业
全国总计	**5 749 008**	**2 255 013**	**1 696 075**	**1 934 952**
北京	171 010	28 951	102 872	96 017
天津				
河北	498 617	147 738	146 156	229 069
山西	171 595	76 030	25 452	12 684
内蒙古	171 493	84 913	71 521	35 301
辽宁	356 251	163 965	114 160	199 229
吉林	36 575	41 664	13 591	5 929
黑龙江	41 361	21 557	41 051	10 173
上海				
江苏	1 538 670	390 982	449 908	652 485
浙江	666 855	80 506	68 424	72 853
安徽	8 210	6 561	4 467	23 623
福建	268 073	79 708	68 465	69 805
江西	194 853	88 274	56 547	62 318
山东	1 316 049	588 669	344 444	429 965
河南	183 952	69 290	78 847	53 972
湖北	216 630	116 033	52 962	40 636
湖南	110 612	62 909	25 990	35 782
广东	320 191	248 567	130 460	51 396
广西	56 863	32 298	12 458	15 812
海南	10 470	7 278	1 796	3 018
重庆	132 048	45 651	62 449	65 743
四川	203 410	110 589	63 784	81 815
贵州				
云南	115 950	20 411	21 804	37 651
西藏				
陕西	108 047	18 359	6 655	5 037
甘肃	27 994	6 866	2 245	2 896
青海	1 332	1 096	322	39
宁夏	17 629	2 217	1 223	2 172
新疆	3 530	2 215	1 824	3 054

各地区乡镇企业劳动者报酬（一）

单位：万元

地　区	合　计	农林牧渔业	工业企业	建筑业	交通运输仓储业
全国总计	**141 670 727**	**2 173 429**	**103 672 747**	**11 995 106**	**4 229 412**
北　京	1 928 179	18 311	1 213 487	150 605	51 664
天　津	3 050 023		3 050 023		
河　北	7 779 865	72 964	6 161 956	585 067	137 704
山　西	3 819 521	39 568	2 981 467	212 022	152 302
内蒙古	2 060 307	51 886	1 056 937	234 954	105 368
辽　宁	6 087 172		3 799 046	448 663	457 635
吉　林	1 561 565	60 716	1 066 750	94 315	113 941
黑龙江	983 383	2 367	572 713	86 431	60 689
上　海	9 542 760		9 542 760		
江　苏	34 553 588	94 955	25 722 504	2 786 050	847 322
浙　江	27 186 647	25 487	23 720 568	1 729 841	202 278
安　徽	3 778 609	47 601	3 176 518	404 772	21 582
福　建	10 411 397	194 057	8 281 762	513 169	195 436
江　西	4 910 776	102 062	3 425 116	304 183	221 722
山　东	17 881 478	282 065	13 216 813	1 472 654	530 996
河　南	7 824 239	293 015	5 448 224	800 089	128 059
湖　北	6 370 899	160 853	3 699 232	696 190	240 105
湖　南	7 139 275	331 407	4 778 229	785 298	308 730
广　东	17 482 042	120 976	14 712 670	476 840	179 371
广　西	2 510 074	26 686	1 679 276	91 491	139 226
海　南	195 313	24 009	83 261	20 084	6 422
重　庆	4 956 782	106 914	2 748 574	1 252 605	159 990
四　川	7 893 496	166 615	5 042 893	1 057 377	311 143
贵　州					
云　南	2 338 983	34 321	1 565 059	350 937	54 928
西　藏					
陕　西	2 509 847	62 294	1 694 869	145 463	237 470
甘　肃	793 917	22 142	419 940	216 434	32 999
青　海	74 091	882	55 339	6 714	2 321
宁　夏	330 305	13 755	227 280	48 021	13 039
新　疆	412 194	23 216	259 789	86 155	11 787

各地区乡镇企业劳动者报酬（二）

单位：万元

地　区	批发零售业	住宿及餐饮业	社会服务业	其他企业
全国总计	**9 106 814**	**4 546 759**	**3 053 869**	**2 892 591**
北　京	160 039	59 797	230 154	44 122
天　津				
河　北	442 436	146 252	138 078	95 408
山　西	242 849	138 319	38 575	14 419
内蒙古	304 328	154 464	109 174	43 196
辽　宁	627 260	333 881	188 255	232 432
吉　林	144 512	46 016	25 915	9 400
黑龙江	158 468	62 791	33 359	6 565
上　海				
江　苏	2 601 511	904 290	842 965	753 991
浙　江	856 847	237 678	219 967	193 981
安　徽	17 164	15 344	9 975	85 653
福　建	529 198	338 086	206 692	152 997
江　西	345 210	212 091	117 001	183 391
山　东	1 152 685	647 220	344 560	234 485
河　南	427 646	263 659	216 815	246 732
湖　北	709 973	377 095	243 092	244 359
湖　南	465 218	221 736	85 565	163 092
广　东	824 780	564 826	314 990	287 589
广　西	278 291	112 514	59 965	122 625
海　南	21 721	23 725	6 792	9 299
重　庆	320 348	136 780	83 491	148 080
四　川	441 680	358 880	291 646	223 262
贵　州				
云　南	180 116	66 059	61 685	25 878
西　藏				
陕　西	251 436	95 984	16 499	5 832
甘　肃	63 779	22 947	7 532	8 144
青　海	3 535	3 527	1 433	340
宁　夏	16 372	6 991	2 972	1 875
新　疆	11 515	7 873	7 456	4 403

各地区乡镇规模农产品加工企业（一）

单位：个、人、万元

地　　区	企业个数	从业人员年平均数	增加值	总产值	销售产值
全国总计	**109 051**	**17 499 686**	**180 693 696**	**755 787 447**	**729 121 512**
北　　京	950	148 305	944 683	4 476 900	4 409 008
天　　津	954	205 172	2 943 060	8 267 247	8 168 080
河　　北	2 777	576 601	5 952 894	22 114 878	21 589 359
山　　西	524	84 148	748 340	3 219 995	3 065 452
内 蒙 古	641	120 753	2 061 500	6 603 096	6 278 025
辽　　宁	4 568	549 484	12 237 473	46 239 996	44 805 920
吉　　林	1 239	196 776	2 957 127	8 993 865	8 819 911
黑 龙 江	1 983	90 770	1 098 421	3 883 343	3 646 581
上　　海	3 789	547 328	4 711 652	21 957 620	21 354 660
江　　苏	19 730	2 765 174	29 294 533	134 533 350	133 080 389
浙　　江	17 993	2 131 576	17 364 854	95 620 358	93 190 619
安　　徽	1 592	250 970	1 289 421	5 590 829	5 331 799
福　　建	7 082	1 680 059	15 037 528	60 165 360	57 929 830
江　　西	1 288	245 469	2 641 228	9 049 007	8 861 997
山　　东	14 726	2 709 969	42 269 638	170 460 542	184 627 422
河　　南	3 936	608 366	6 266 260	24 895 025	24 518 806
湖　　北	2 878	495 244	7 587 311	22 145 370	20 970 409
湖　　南	3 184	458 362	6 508 324	22 788 851	22 507 844
广　　东	9 811	2 271 243	15 084 896	80 103 306	64 425 746
广　　西	1 227	203 733	1 878 220	7 493 867	6 963 784
海　　南	105	19 545	76 388	382 023	353 476
重　　庆	1 364	145 050	1 510 291	5 529 513	5 309 747
四　　川	3 177	550 532	9 573 234	33 661 078	32 600 328
贵　　州					
云　　南	828	106 407	1 048 955	3 853 205	3 620 352
西　　藏					
陕　　西	659	106 447	1 123 442	3 890 486	3 536 001
甘　　肃	513	64 174	765 703	2 159 356	2 064 880
青　　海	23	1 364	9 697	33 281	27 566
宁　　夏	433	42 467	536 501	2 135 087	1 899 038
新　　疆	597	52 519	742 914	3 067 585	2 795 563

各地区乡镇规模农产品加工企业（二）

单位：个、人、万元

地　区	营业收入	利润总额	上缴税金	劳动者报酬
全国总计	**732 158 172**	**43 095 286**	**18 973 249**	**31 199 102**
北　京	4 792 315	151 296	210 829	373 391
天　津	8 218 847	340 900	407 141	511 131
河　北	19 909 813	1 445 187	523 624	741 041
山　西	3 113 849	221 668	97 784	157 585
内蒙古	6 057 315	434 348	221 029	423 038
辽　宁	43 644 266	2 098 996	589 340	960 288
吉　林	10 305 711	618 302	217 600	294 894
黑龙江	3 771 495	228 868	89 521	113 782
上　海	21 926 635	1 323 403	513 368	1 833 051
江　苏	131 449 890	6 775 782	3 981 510	6 061 134
浙　江	93 750 426	4 959 817	2 886 950	5 134 014
安　徽	5 086 803	267 581		
福　建	57 125 805	3 775 479	1 624 669	4 106 740
江　西	8 604 150	599 447	259 214	363 042
山　东	182 650 892	12 880 063	4 351 787	4 035 282
河　南	24 490 659	2 077 361	329 153	645 161
湖　北	21 153 720	1 121 433	573 604	792 881
湖　南	21 740 046	1 050 414	423 060	745 962
广　东	63 775 878	2 910 647	1 582 665	3 885 729
广　西	4 514 544	310 888	220 868	393 148
海　南	351 761	28 027	8 632	20 472
重　庆	5 369 693	225 444	158 145	295 166
四　川	31 946 800	1 592 073	728 881	1 070 880
贵　州				
云　南	3 732 863	284 173	157 487	186 475
西　藏				
陕　西	3 792 859	114 898	27 092	132 901
甘　肃	2 008 209	131 525	50 273	138 329
青　海	31 770	2 055	563	1 845
宁　夏	1 936 633	161 529	53 176	88 558
新　疆	2 867 043	188 724	66 232	79 753

各地区乡镇企业个体工商户情况

地　　区	单位数（个）	从业人员年末数（人）	注册资金（万元）	营业收入（万元）	上缴税金（万元）
全国总计	**21 257 578**	**60 768 098**	**94 824 732**	**896 501 769**	**20 083 787**
北　　京	130 009	518 078	1 348 330	4 681 193	141 784
天　　津	50 226	362 575	326 856	12 215 917	232 869
河　　北	1 283 881	6 936 722	5 951 453	102 852 310	1 900 629
山　　西	399 487	1 530 218	2 049 814	13 783 717	495 860
内 蒙 古	380 756	1 215 928	2 515 359	12 836 829	304 649
辽　　宁	1 052 026	3 576 417	5 124 415	120 431 347	1 586 209
吉　　林	605 451	1 338 805	1 154 898	15 981 475	279 232
黑 龙 江	457 109	1 434 444	2 813 203	13 722 406	264 991
上　　海	164 714	281 278	363 941	2 694 019	214 852
江　　苏	1 839 263	3 642 963	16 818 937	116 491 490	4 052 119
浙　　江	344 093	2 779 468		40 310 782	673 644
安　　徽	800 394	3 620 195		19 337 321	476 374
福　　建	775 931	2 527 256	3 825 097	21 130 528	595 500
江　　西	760 817	2 156 861	3 437 945	16 312 709	599 128
山　　东	1 921 106	4 674 721	7 331 095	52 825 243	1 947 605
河　　南	1 647 743	6 164 872	6 143 027	114 685 978	1 008 849
湖　　北	553 017	1 885 647	2 039 760	16 943 240	670 633
湖　　南	1 277 565	4 234 605	10 486 254	39 110 741	780 499
广　　东	1 268 614	5 013 538	4 495 984	40 145 481	996 621
广　　西	772 430	2 461 868	2 130 805	16 914 118	539 633
海　　南	38 079	181 639	238 048	731 913	24 147
重　　庆	155 322	275 255	470 068	2 180 400	105 567
四　　川	1 723 317	4 890 615	5 240 506	23 218 662	651 256
贵　　州					
云　　南	931 023	2 596 838	2 480 181	25 134 419	475 584
西　　藏					
陕　　西	1 041 998	3 215 099	4 009 854	24 226 381	484 656
甘　　肃	304 965	1 180 526	1 250 321	10 096 307	194 492
青　　海	89 486	230 799	163 006	926 593	26 388
宁　　夏	136 037	354 967	525 536	1 339 956	41 690
新　　疆	369 848	859 646	669 795	3 666 336	91 933

各地区乡镇企业外向型经济情况（一）

地　　区	出口企业单位数	年出口交货值500万元以上	出口企业交货值	年出口交货值500万元以上	本年止境外办企业单位数	本年止境外办企业累计投资（人民币）
全国总计	**162 051**	**58 021**	**357 506 909**	**290 243 341**	**16 300**	**9 460 158**
北　京	548	321	1 460 647	1 305 246	4	5 169
天　津	1 859	787	5 310 775	5 263 444		
河　北	7 219	1 195	10 300 837	5 631 374	68	223 197
山　西	314	246	1 391 875	1 343 695		
内蒙古	262	76	314 780	217 708	9	15 980
辽　宁	5 593	1 768	12 326 745	9 900 335	107	186 181
吉　林	2 020	64	418 457	360 032	8	34 709
黑龙江	710	602	103 281	89 467	46	11 508
上　海	5 412	4 000	54 640 726	54 001 619	23	2 214 072
江　苏	17 628	9 231	88 004 590	76 074 027	444	3 126 567
浙　江	46 922	17 853	83 215 334	64 249 439	13 098	547 900
安　徽	2 613	623	2 647 834	2 024 570	71	32 272
福　建	9 323	3 660	18 992 074	17 077 119	656	374 207
江　西	767	357	1 985 493	1 651 804		
山　东	14 277	5 031	39 942 854	28 278 022	870	1 273 826
河　南	6 104	488	3 299 669	2 039 218	27	66 044
湖　北	1 064	386	3 899 738	2 385 687	125	222 547
湖　南	3 663	631	2 877 309	2 375 143	227	342 381
广　东	19 486	8 559	57 827 268	45 894 737	98	622 704
广　西	1 106	601	7 284 374	1 103 436	278	42 790
海　南	17	15	65 225	65 035		
重　庆	156	112	1 622 551	1 575 581	65	1 950
四　川	602	268	1 038 548	891 717	23	88 156
贵　州						
云　南	182	110	760 269	701 814	14	9 836
西　藏						
陕　西	310	114	688 464	513 709	20	1 892
甘　肃	2 894	95	270 981	243 297	19	6 213
青　海						
宁　夏	549	39	189 907	179 025		7 915
新　疆	37	24	67 421	50 949		2 142

各地区乡镇企业外向型经济情况（二）

单位：个、万美元

地　　区	本年乡镇企业与外商合资合作 新签协议项目数	外商协议投资额	外商实际投资额	本年乡镇企业与港澳台商 新签协议项目数	港澳台商协议投资额	港澳台商实际投资额
全国总计	**50 726**	**5 580 465**	**3 504 249**	**66 504**	**3 337 555**	**1 849 420**
北　京	419	4 822	7 188	3	848	25 786
天　津	24	21 562	78 383	10	21 597	2 630
河　北	943	258 041	500 429	23	58 348	30 769
山　西	2	3 451	3 051	1	9 301	9 301
内蒙古	44	42 854	5 282	837	8 118	3 102
辽　宁	332	246 019	176 738	99	154 970	118 911
吉　林	16	6 777	4 077			
黑龙江	32	2 260	1 060	3	3 000	1 350
上　海	758	444 888	319 502	1 595	162 132	129 742
江　苏	2 957	2 610 683	1 182 988	45 120	1 280 075	617 214
浙　江	6 823	232 472	104 401	7 814	196 182	126 439
安　徽	513	27 585	9 614	61	13 672	8 285
福　建	4 535	350 062	272 006	2 364	87 258	66 765
江　西	279	98 200	66 228	936	158 130	69 811
山　东	19 126	659 928	335 083	2 801	330 740	146 548
河　南	362	42 728	35 432	546	29 464	30 143
湖　北	225	193 794	117 387	124	280 964	134 174
湖　南	156	57 468	34 803	513	336 636	142 324
广　东	12 522	148 469	150 774	3 213	191 638	169 333
广　西	57	34 237	29 730	5	1 770	5 350
海　南						
重　庆	4	3 251	1 605			
四　川	340	55 472	46 664	428	3 145	2 197
贵　州						
云　南	6	1 601	101			
西　藏						
陕　西	22	22 751	20 733	7	9 500	9 246
甘　肃	3	11 000	900			
青　海						
宁　夏	1	90	90			
新　疆						

七、农　　垦

全国农垦生产建设综合情况（一）

项　目	单　位	2010年	2009年	2010年比2009年增减	
				绝对量	%
基本情况					
农垦国有企业	个	5 261	5 330	-69	-1.3
农场	个	1 807	1 818	-11	-0.6
工业企业	个	1 290	1 453	-163	-11.2
建筑企业	个	537	470	67	14.3
运输企业	个	290	233	57	24.5
商业企业	个	1 337	1 356	-19	-1.4
总人口	万人	1 332.31	1 316.78	15.53	1.18
职工总数	万人	330.75	339.65	-8.90	-2.60
在岗职工人数	万人	295.50	302.60	-7.10	-2.35
耕地面积	千公顷	5 989.27	5 598.25	391.02	6.98
当年造林	千公顷	88.25	95.25	-7.00	-7.35
橡胶面积	千公顷	469.40	465.20	4.20	0.90
农垦生产总值	亿元	3 382.67	2 738.56	644.11	13.3
第一产业增加值	亿元	1 171.30	952.29	219.01	11.4
第二产业增加值	亿元	1 341.69	1 050.57	291.12	18.8
第三产业增加值	亿元	869.68	735.70	133.98	10.1
工农业总产值	亿元	6 535.24	5 265.02	1 270.22	16.3
农业总产值	亿元	2 342.34	1 906.60	435.74	12.5
工业总产值	亿元	4 192.46	3 358.42	834.04	9.8
农垦人均生产总值	元/人·年	25 669	21 035	4 634	12.9
工资总额	亿元	546.06	481.31	64.75	13.45
职工平均工资	元/人·年	16 510	14 171	2 339	12.9
在岗职工平均工资	元/人·年	17 900	15 535	2 365	13.10
人均纯收入	元/人·年	8 232	7 096	1 136	10.8
固定资产投资总额	亿元	1 811.22	1 357.90	453.32	33.38
主要农作物面积产量					
农作物总播种面积	千公顷	6 310.42	6 073.28	237.15	3.90
粮食作物面积	千公顷	4 557.64	4 384.31	173.33	3.95
粮食作物总产量	万吨	2 953.29	2 773.15	180.14	6.50
棉花面积	千公顷	665.37	656.16	9.21	1.40
棉花总产量	万吨	143.93	141.22	2.71	1.92
油料作物面积	千公顷	375.36	371.06	4.30	1.16
油料作物总产量	万吨	80.34	81.14	-0.80	-0.99

注：表中价值量指标均按当年价格计算，增长速度按可比价格计算。

全国农垦生产建设综合情况（二）

项　目	单　位	2010 年	2009 年	2010 年比 2009 年增减	
				绝对量	%
糖料作物面积	千公顷	103.89	101.92	1.97	1.93
糖料作物总产量	万吨	766.86	758.22	8.64	1.14
干胶总产量	万吨	32.78	31.70	1.08	3.41
剑麻产量（折纤维）	万吨	3.21	3.23	-0.02	-0.62
水果总产量	万吨	323.40	307.77	15.63	5.08
茶叶总产量	万吨	4.63	4.68	-0.05	-1.07
牲畜头数和畜、水产品产量					
猪年末头数	万头	1 134.18	1 053.39	80.79	7.67
大牲畜年末头数	万头	319.22	317.16	2.06	0.65
良种及改良种奶牛	万头	143.15	127.01	16.14	12.71
羊年末只数	万只	1 298.74	1 268.87	29.87	2.35
肉类总产量	万吨	256.43	223.40	33.03	14.79
牛奶总产量	万吨	366.09	344.65	21.44	6.22
羊毛总产量	万吨	2.72	2.52	0.20	7.94
禽蛋总产量	万吨	39.71	31.34	8.37	26.71
鹿茸总产量	吨	77.45	92.35	-14.90	-16.13
蜂蜜总产量	吨	8 481	6 495	1 986	30.58
水产品产量	万吨	115.17	107.72	7.45	6.92
主要农业机械、电和化肥用量					
农业机械总动力	万千瓦	2 126.49	1 971.31	155.18	7.87
大中型农用拖拉机	万台	14.60	13.19	1.41	10.69
	万千瓦	594.67	529.86	64.81	12.23
农用小型及手扶拖拉机	万台	32.97	32.36	0.61	4.70
	万千瓦	388.03	373.35	14.68	3.93
农用排灌动力机械	万台	24.84	24.72	0.12	0.49
	万千瓦	359.88	337.79	22.09	6.54
联合收割机	万台	3.92	3.15	0.77	24.44
	万千瓦	269.93	227.78	42.15	18.50
农场用电量	亿千瓦时	174.12	111.02	63.10	56.84
农用化肥施用总量	万吨	227.81	210.84	16.97	8.05
主要工业产品产量					
原煤	万吨	2 901.05	1 638.24	1262.81	77.08
混配合饲料	万吨	483.13	417.81	65.32	15.63
食用植物油	万吨	193.08	170.45	22.63	13.28

全国农垦生产建设综合情况（三）

项　　目	单　位	2010 年	2009 年	2010 年比 2009 年增减	
				绝对量	%
机制糖	万吨	205.79	178.82	26.97	15.08
乳制品	万吨	283.99	207.09	76.90	37.13
液体乳	万吨	247.60	178.11	69.49	39.02
饮料酒	万吨	144.42	205.86	-61.92	-30.08
葡萄酒	万吨	7.51	7.21	0.30	4.16
纱	万吨	51.16	42.16	9.00	21.35
布	亿米	6.48	6.53	-0.05	-0.77
机制纸和纸板	万吨	61.72	107.76	-46.04	-42.72
水泥	万吨	2 245.07	1 827.76	417.31	22.83
砖	亿块	94.02	87.28	6.74	7.72
发电量	亿千瓦时	156.63	141.20	15.43	10.93
粮食商品量	**万吨**	**2 605.24**	**2 416.52**	**188.72**	**7.81**
粮食商品率	%	88.21	87.14		1.06
出口商品总金额	**亿元**	**541.50**	**466.25**	**75.25**	**16.14**
贸易业、餐饮业销售总额	**亿元**	**2 490.73**	**1 950.42**	**540.31**	**27.70**
服务业营业收入	**亿元**	**127.18**	**123.69**	**3.49**	**2.82**

项　　目	单　位	合　计	第一产业	第二产业	第三产业
非国有经济基本情况					
经营单位个数	个	632 744	273 916	36 937	321 891
集体经济	个	3 175	2 132	379	664
个体经济	个	571 435	251 323	25 231	294 881
私营经济	个	54 227	17 734	10 999	25 494
港澳台及外商经济	个	380	43	315	22
从业人员	万人	244.91	90.48	78.00	76.43
从业人员收入	亿元	395.75	106.28	159.38	130.08
从业人员年均收入	元	16 159	11 746	20 433	17 021
生产总值（现价）	亿元	1 483.67	279.30	776.72	427.65
资产总额	亿元	2 389.76	236.40	1 609.17	544.18
固定资产原值	亿元	1 573.07	184.31	1 011.11	377.65
应交税金	亿元	115.83	1.28	85.02	29.53
利润总额	亿元	250.22	50.32	130.03	69.87

各地区农垦基本情况（一）

地　区	国有企业个数（个）						总人口（人）	职工人数（人）
		农场	工业	建筑业	运输业	商业		
全国总计	**5 261**	**1 807**	**1 290**	**537**	**290**	**1 337**	**13 323 074**	**3 307 518**
北　京	43	12	13	2	5	11	53 081	25 910
天　津	50	15	23	2	1	9	17 218	5 604
河　北	91	31	32	9	3	16	422 544	68 356
山　西	28	26	1			1	23 305	4 825
内蒙古	144	104	20	1		19	495 864	127 642
辽　宁	198	108	25	10		55	921 541	257 043
吉　林	110	91	10	2		7	273 012	59 159
黑龙江	588	112	128	35	84	229	1 673 491	407 355
上　海	405	19	89	6	46	245	119 977	75 862
江　苏	54	18	24	7		5	212 059	70 364
浙　江	70	59	5			6	69 358	2 398
安　徽	57	21	12	5		19	137 098	31 421
福　建	199	115	46			38	231 411	31 481
江　西	340	154	119	24	9	34	878 015	358 547
山　东	30	14	11	1		4	20 258	6 304
河　南	147	96	35	1		15	129 242	39 128
湖　北	202	53	101	12	4	32	1 399 035	375 359
湖　南	301	70	118	95	6	12	682 996	147 313
广　东	257	46	100	12	7	92	375 095	59 370
广　西	150	41	63	9	1	36	285 068	37 158
海　南	224	49	46	71	11	47	997 718	187 905
重　庆	24	14	4	1		5	18 731	5 538
四　川	49	40	6	1		2	14 296	3 713
贵　州	52	43	8	1			26 335	5 515
云　南	154	39	49	6	21	39	340 497	103 310
陕　西	35	12	5			18	26 949	5 209
甘　肃	97	17	61	4	1	14	97 240	21 276
青　海	31	30				1	52 761	10 062
宁　夏	43	14	18	3		8	125 509	19 988
新疆（兵团）	711	175	60	202	12	262	2 570 423	583 883
新疆（农业）	154	46	41	14	9	44	217 249	49 177
新疆（畜牧）	210	122	13	1	70	4	398 788	115 562
热科院	3					3	11 895	2 958
广　州	8		3			5	1 759	1 758
南　京	2	1	1				3 256	1 065

各地区农垦基本情况（二）

地区	耕地面积（公顷）	农作物耕地面积（公顷）	农垦生产总值（万元）	农垦人均生产总值(元/人·年)	工农业总产值（万元）	出口商品总金额（万元）
全国总计	**5 989 272**	**6 310 420**	**33 826 738**	**25 669**	**65 352 432**	**5 415 011**
北京	1 483	1 388	325 371	60 769	978 229	53 591
天津	3 191	3 329	126 817	74 664	285 971	4 438
河北	89 095	99 098	2 287 295	54 034	4 574 618	76 160
山西	6 440	6 271	37 678	16 335	46 806	
内蒙古	648 530	579 269	828 023	17 397	1 332 728	459
辽宁	146 551	159 611	1 648 482	18 152	5 758 214	224 240
吉林	114 346	114 763	154 432	5 648	286 561	1 200
黑龙江	2 800 938	2 801 189	6 881 123	41 186	11 716 018	415 334
上海	29 450	56 467	1 095 393	92 727	2 163 709	71 619
江苏	73 112	137 466	702 807	33 304	1 593 603	29 348
浙江	4 102	5 759	451 026	64 802	2 550 823	228 305
安徽	34 746	68 539	169 949	12 394	382 507	
福建	11 101	23 465	344 221	15 075	864 476	39 329
江西	52 116	107 105	937 603	10 824	2 449 203	117 929
山东	10 165	14 568	41 412	20 387	308 496	
河南	26 843	50 165	102 663	8 009	292 557	1 882
湖北	136 640	317 271	3 616 309	26 070	7 532 148	164 427
湖南	67 271	146 750	771 975	11 727	1 340 767	24 021
广东	37 500	45 481	836 254	22 424	1 593 241	452 321
广西	32 647	32 391	2 368 767	83 803	3 367 002	105 172
海南	39 178	65 114	1 173 461	11 690	1 458 138	47 410
重庆	4 987	32	91 875	50 071	479 412	
四川	849	1 087	13 362	9 735	43 561	
贵州	2 014	2 602	11 707	4 651	37 996	
云南	12 709	19 196	368 064	11 024	520 240	2 292
陕西	9 081	14 025	52 815	19 450	106 128	
甘肃	56 952	52 665	115 952	11 724	369 501	7 893
青海	26 220	19 327	20 092	8 075	36 607	
宁夏	39 708	41 225	139 207	11 635	269 399	7 998
新疆（兵团）	1 243 283	1 119 200	7 706 152	29 964	11 870 741	3 327 814
新疆（农业）	89 500	80 348	169 475	7 911	296 426	9 540
新疆（畜牧）	138 052	124 955	197 872	5 134	390 660	
热科院	472	292	18 379	17 113	5 378	
广州			15 687	89 948	39 999	2 289
南京		8	5 039	14 021	10 568	

各地区农垦生产总值

地　区	生产总值（万元）	第一产业增加值	第二产业增加值	第三产业增加值	构成（%）第一产业	第二产业	第三产业
全国总计	**33 826 738**	**11 712 950**	**13 416 933**	**8 696 855**	**34.6**	**39.7**	**25.7**
北　京	325 371	97 869	83 549	143 953	30.1	25.7	44.2
天　津	126 817	13 107	54 810	58 900	10.3	43.2	46.4
河　北	2 287 295	322 098	1 383 855	581 342	14.1	60.5	25.4
山　西	37 678	12 235	13 221	12 222	32.5	35.1	32.4
内蒙古	828 023	379 664	302 069	146 290	45.9	36.5	17.7
辽　宁	1 648 482	598 538	718 240	331 704	36.3	43.6	20.1
吉　林	154 432	131 339	12 022	11 071	85.0	7.8	7.2
黑龙江	6 881 123	3 656 133	1 514 422	1 710 568	53.1	22.0	24.9
上　海	1 095 393	72 483	403 394	619 516	6.6	36.8	56.6
江　苏	702 807	190 127	333 563	179 117	27.1	47.5	25.5
浙　江	451 026	23 494	404 950	22 582	5.2	89.8	5.0
安　徽	169 949	92 056	43 379	34 514	54.2	25.5	20.3
福　建	344 221	80 964	230 964	32 293	23.5	67.1	9.4
江　西	937 603	157 878	557 492	222 233	16.8	59.5	23.7
山　东	41 412	23 130	14 346	3 936	55.9	34.6	9.5
河　南	102 663	47 286	33 239	22 138	46.1	32.4	21.6
湖　北	3 616 309	603 640	2 142 754	869 915	16.7	59.3	24.1
湖　南	771 975	336 257	218 966	216 752	43.6	28.4	28.1
广　东	836 254	240 451	395 287	200 516	28.8	47.3	24.0
广　西	2 368 767	330 598	1 457 875	580 294	14.0	61.5	24.5
海　南	1 173 461	784 640	174 648	214 173	66.9	14.9	18.3
重　庆	91 875	3 675	64 352	23 848	4.0	70.0	26.0
四　川	13 362	4 722	7 250	1 390	35.3	54.3	10.4
贵　州	11 707	6 223	5 436	48	53.2	46.4	0.4
云　南	368 064	286 897	35 935	45 232	77.9	9.8	12.3
陕　西	52 815	23 940	27 008	1 867	45.3	51.1	3.5
甘　肃	115 952	48 610	59 014	8 328	41.9	50.9	7.2
青　海	20 092	13 504	5 528	1 060	67.2	27.5	5.3
宁　夏	139 207	78 034	37 598	23 575	56.1	27.0	16.9
新疆（兵团）	7 706 152	2 788 111	2 622 637	2 295 404	36.2	34.0	29.8
新疆（农业）	169 475	102 365	31 900	35 210	60.4	18.8	20.8
新疆（畜牧）	197 871	157 466	18 958	21 447	79.6	9.6	10.8
热科院	18 379			18 379			100.0
广　州	15 687	5 008	6 783	3 896	31.9	43.2	24.8
南　京	5 039	408	1 489	3 142	8.1	29.5	62.4

各地区农垦工农业总产值

地区	工农业总产值（万元）	农业	工业	构成（%） 农业	工业
全国总计	**65 352 432**	**23 423 427**	**41 929 005**	**35.8**	**64.2**
北京	978 229	688 304	289 925	70.4	29.6
天津	285 971	60 841	225 130	21.3	78.7
河北	4 574 618	621 483	3 953 135	13.6	86.4
山西	46 806	21 312	25 494	45.5	54.5
内蒙古	1 332 728	833 873	498 855	62.6	37.4
辽宁	5 758 214	1 250 261	4 507 953	21.7	78.3
吉林	286 561	225 736	60 825	78.8	21.2
黑龙江	11 716 018	6 930 386	4 785 632	59.2	40.8
上海	2 163 709	266 219	1 897 490	12.3	87.7
江苏	1 593 603	451 052	1 142 551	28.3	71.7
浙江	2 550 823	90 180	2 460 643	3.5	96.5
安徽	382 507	176 197	206 310	46.1	53.9
福建	864 476	195 398	669 078	22.6	77.4
江西	2 449 203	383 798	2 065 405	15.7	84.3
山东	308 496	61 996	246 500	20.1	79.9
河南	292 557	116 395	176 162	39.8	60.2
湖北	7 532 148	1 227 548	6 304 600	16.3	83.7
湖南	1 340 767	509 416	831 351	38.0	62.0
广东	1 593 241	434 598	1 158 643	27.3	72.7
广西	3 367 002	515 588	2 851 414	15.3	84.7
海南	1 458 138	1 239 373	218 765	85.0	15.0
重庆	479 412	30 780	448 632	6.4	93.6
四川	43 561	8 854	34 707	20.3	79.7
贵州	37 996	11 203	26 793	29.5	70.5
云南	520 240	421 722	98 518	81.1	18.9
陕西	106 128	40 081	66 047	37.8	62.2
甘肃	369 501	129 821	239 680	35.1	64.9
青海	36 607	20 489	16 118	56.0	44.0
宁夏	269 399	183 504	85 895	68.1	31.9
新疆（兵团）	11 870 741	5 692 851	6 177 890	48.0	52.0
新疆（农业）	296 426	234 434	61 992	79.1	20.9
新疆（畜牧）	390 660	334 161	56 499	85.5	14.5
热科院	5 378	5 378		100.0	
广州	39 999	8 789	31 210	22.0	78.0
南京	10 568	1 405	9 163	13.3	86.7

各地区农垦出口商品金额

单位：万元

地 区	出口商品总金额			工业品金额		
	2010 年	2009 年	增减（%）	2010 年	2009 年	增减（%）
全国总计	**5 415 011**	**4 662 506**	**16.1**	**4 682 466**	**4 205 681**	**11.3**
北 京	53 591	29 409	82.2	11 023	10 070	9.5
天 津	4 438	3 728	19.1	4 129	3 328	24.1
河 北	76 160	68 168	11.7	63 909	59 443	7.5
山 西						
内 蒙 古	459	1 020	-55.0	459	1 020	
辽 宁	224 240	105 814	111.9	206 877	94 191	119.6
吉 林	1 200	231	419.5			
黑 龙 江	415 334	314 382	32.1	169 552	138 412	22.5
上 海	71 619	104 448	-31.4	69 784	102 360	-31.8
江 苏	29 348	28 535	2.9	11 278	10 413	8.3
浙 江	228 305	247 548	-7.8	228 305	247 472	-7.7
安 徽		20			20	
福 建	39 329	40 000	-1.7	29 543	28 289	4.4
江 西	117 929	117 342	0.5	102 561	99 928	
山 东						
河 南	1 882	3 518	-46.5		18	
湖 北	164 427	144 331	13.9	142 387	127 927	11.3
湖 南	24 021	19 873	20.9	17 350	15 373	12.9
广 东	452 321	360 204	25.6	441 674	353 146	25.1
广 西	105 172	94 591	11.2	94 134	86 858	8.4
海 南	47 410	43 889	8.0	46 908	42 587	10.1
重 庆						
四 川						
贵 州						
云 南	2 292	3 100	-26.1	2 292	3 100	-26.1
陕 西						
甘 肃	7 893	9 750	-19.1	7 893	9 750	-19.0
青 海						
宁 夏	7 998	3 425	133.5			
新疆（兵团）	3 327 814	2 908 680	14.4	3 032 407	2 771 975	9.4
新疆（农业）	9 540	8 917	7.0			
新疆（畜牧）						
热 科 院						
广 州	2 289	1 584	44.5			
南 京						

全国农垦农作物播种面积和产量

项　　目	播种面积（千公顷）		总产量（吨）		每公顷产量（千克）	
	2010 年	2009 年	2010 年	2009 年	2010 年	2009 年
农作物总计	**6 310. 42**	**6 073. 28**				
粮食	4 557. 64	4 384. 31	29 532 925	27 731 499	6 480	6 325
夏收粮食	504. 81	507. 50	2 743 422	2 834 230	5 435	5 585
稻谷	1 816. 96	1 615. 02	15 141 205	13 543 213	8 333	8 386
早稻	84. 40	74. 92	506 859	452 949	6 006	6 046
小麦	690. 19	700. 50	3 359 067	3 822 147	4 867	5 456
春小麦	355. 15	403. 38	1 465 945	2 166 199	4 128	5 370
玉米	1 047. 54	977. 88	8 091 872	7 219 653	7 725	7 383
谷子	2. 93	2. 53	8 914	3 484	3 046	1 377
高粱	15. 45	14. 67	77 447	80 455	5 013	5 484
大豆	764. 67	839. 46	1 951 134	2 057 647	2 552	2 451
薯类	60. 73	52. 26	390 999	333 253	6 438	6 377
油料	375. 36	371. 06	803 350	811 445	2 140	2 187
花生	29. 81	32. 37	92 360	92 207	3 098	2 849
油菜籽	215. 31	205. 14	390 171	419 994	1 812	2 047
向日葵	98. 79	102. 23	269 022	258 421	2 723	2 528
棉花	665. 37	656. 16	1 439 318	1 412 208	2 163	2 152
麻类	3. 45	7. 89	18 699	36 048	5 425	4 569
糖料	103. 89	101. 92	7 668 551	7 582 235	73 814	74 394
甘蔗	61. 48	63. 98	5 103 183	5 432 983	83 008	84 917
烟叶	1. 68	1. 41	4 064	3 595	2 425	2 550
药材	16. 60	9. 50	18 376	14 887	1 107	1 567
蔬菜、瓜类	283. 13	263. 96	12 595 571	12 168 309	44 487	46 099
其他农作物	303. 31	277. 08				

各地区农垦主要农作物播种面积和产量（一）

地　区	农作物播种面积（公顷）	粮食			稻谷		
		播种面积（公顷）	总产量（吨）	每公顷产量（千克）	播种面积（公顷）	总产量（吨）	每公顷产量（千克）
全国总计	**6 310 420**	**4 557 639**	**29 532 925**	**6 480**	**1 816 964**	**15 141 205**	**8 333**
北　京	1 388	1 120	4 275	3 817			
天　津	3 329	2 567	16 864	6 570	705	5 661	8 030
河　北	99 098	64 341	415 799	6 462	18 145	179 027	9 866
山　西	6 271	4 867	29 039	5 967			
内蒙古	579 269	410 401	1 605 360	3 912	3 580	30 621	8 553
辽　宁	159 611	140 846	1 200 814	8 526	96 123	928 366	9 658
吉　林	114 763	103 693	686 330	6 619	34 219	319 742	9 344
黑龙江	2 801 189	2 702 869	18 179 839	6 726	1 282 393	10 943 942	8 534
上　海	56 467	38 946	290 351	7 455	21 776	183 135	8 410
江　苏	137 466	125 604	866 763	6 901	59 068	456 631	7 731
浙　江	5 759	2 716	14 463	5 325	1 137	8 164	7 180
安　徽	68 539	61 045	340 720	5 581	16 750	131 130	7 829
福　建	23 465	12 607	69 460	5 510	8 924	52 440	5 876
江　西	107 105	77 370	503 201	6 504	72 627	481 473	6 629
山　东	14 568	7 870	44 409	5 643	522	4 471	8 565
河　南	50 165	41 630	244 629	5 876	1 131	8 491	7 508
湖　北	317 271	157 061	876 426	5 580	44 855	369 937	8 247
湖　南	146 750	92 619	577 953	6 240	81 132	532 802	6 567
广　东	45 481	8 555	55 928	6 537	5 417	37 984	7 012
广　西	32 391	1 983	10 977	5 536	677	4 787	7 068
海　南	65 114	32 158	140 063	4 355	27 013	118 080	4 371
重　庆	32	8	40	5 000			
四　川	1 087	575	7 640	13 287	67	520	7 761
贵　州	2 602	1 247	6 331	5 077	372	2 747	7 384
云　南	19 196	11 916	57 649	4 838	4 111	30 567	7 435
陕　西	14 025	12 273	72 531	5 910	192	1 551	8 078
甘　肃	52 665	32 858	204 311	6 218			
青　海	19 327	5 011	23 903	4 770			
宁　夏	41 225	33 227	308 486	9 284	10 939	85 326	7 800
新疆（兵团）	1 119 200	284 690	2 136 355	7 504	18 190	181 557	9 981
新疆（农业）	80 348	31 740	221 640	6 983	3 500	32 500	9 286
新疆（畜牧）	124 955	52 954	318 911	6 022	3 129	8 101	2 589
热科院	292	271	1 464	5 398	270	1 452	5 380
广　州							
南　京	8						

各地区农垦主要农作物播种面积和产量（二）

地区	粮食						
	小麦			玉米			大豆
	播种面积（公顷）	总产量（吨）	每公顷产量（千克）	播种面积（公顷）	总产量（吨）	每公顷产量（千克）	播种面积（公顷）
全国总计	**690 190**	**3 359 067**	**4 867**	**1 047 536**	**8 091 872**	**7 725**	**764 669**
北京	460	1 398	3 039	644	2 806	4 357	16
天津	535	2 182	4 079	1 205	8 576	7 117	117
河北	17 504	75 643	4 321	19 452	129 341	6 649	1 318
山西	250	1 015	4 060	4 082	23 182	5 679	84
内蒙古	143 049	371 802	2 599	111 265	805 132	7 236	84 018
辽宁	120	615	5 125	37 602	243 800	6 484	4 008
吉林	2	2	1 000	52 282	327 660	6 267	4 718
黑龙江	112 860	565 399	5 010	621 620	4 816 312	7 748	624 125
上海	9 206	60 262	6 546	7	11	1 634	67
江苏	43 917	281 363	6 407	3 722	25 411	6 827	995
浙江	600	2 273	3 788	112	437	3 902	681
安徽	30 979	173 955	5 615	884	5 241	5 930	11 854
福建	4	6	1 500	408	1 648	1 500	691
江西	552	1 528	2 768	530	2 589	4 889	1 480
山东	4 018	24 531	6 105	2 152	12 667	5 886	1 178
河南	22 452	150 009	6 681	10 101	67 770	6 709	7 788
湖北	78 252	317 702	4 060	22 076	144 167	6 530	5 397
湖南	2 984	10 440	3 499	4 904	25 648	5 230	1 324
广东				305	1 975	6 475	283
广西				847	4 861	5 739	166
海南				549	2 705	4 927	192
重庆				5	32	6 400	2
四川	55	235	4 273	64	244	3 813	4
贵州	109	227	2 083	542	1 837	3 389	35
云南	308	461	1 497	7 189	25 864	3 598	
陕西	5 290	23 234	4 392	5 828	43 097	7 395	735
甘肃	17 404	95 558	5 491	10 610	79 501	7 493	27
青海	1 951	10 023	5 137				
宁夏	5 597	37 780	6 750	16 468	185 108	11 240	157
新疆（兵团）	156 180	963 275	6 168	85 610	857 216	10 013	8 040
新疆（农业）	11 000	58 900	5 355	14 800	122 200	8 257	1 150
新疆（畜牧）	24 551	129 249	5 265	11 672	124 834	10 695	4 019
热科院							
广州							
南京							

各地区农垦主要农作物播种面积和产量（三）

地　区	粮　食		棉　花			油　料	
	大　豆						
	总产量（吨）	每公顷产量（千克）	播种面（公顷）	总产量（吨）	每公顷产量（千克）	播种面积（公顷）	总产量（吨）
全国总计	**1 951 134**	**2 552**	**665 370**	**1 439 318**	**2 163**	**375 356**	**803 350**
北　京	71	4 438					
天　津	339	2 897	593	1 684	2 840	8	16
河　北	3 120	2 368	19 881	32 481	1 634	2 015	2 626
山　西	151	1 798	140	182	1 300	170	241
内蒙古	179 736	2 139	123	554	4 504	145 049	263 099
辽　宁	14 837	3 702				4 575	19 078
吉　林	10 023	2 124				8 926	13 473
黑龙江	1 622 101	2 599				14 543	22 313
上　海	119	1 773	175	242	1 380	283	385
江　苏	2 576	2 589	2 197	3 246	1 477	883	2 287
浙　江	2 824	4 147	42	45	1 071	135	213
安　徽	27 790	2 344	3 766	5 431	1 442	1 582	3 283
福　建	1 712	2 045				1 598	4 210
江　西	3 093	2 090	3 053	8 675	2 841	12 652	22 112
山　东	2 740	2 326	6 089	6 423	1 055	114	393
河　南	17 595	2 259	2 135	2 666	1 249	4 232	8 481
湖　北	15 031	2 785	54 090	73 622	1 361	38 638	106 128
湖　南	2 472	1 867	6 873	13 456	1 958	22 803	47 900
广　东	608	2 148				2 720	7 860
广　西	460	2 769				746	3 126
海　南	433	2 255				2 657	6 093
重　庆	5	2 500				3	6
四　川	23	5 750				20	42
贵　州	46	1 314				473	682
云　南						117	189
陕　西	1 813	2 467	320	944	2 950	440	1 410
甘　肃	30	1 111	6 145	10 170	1 655	2 915	9 191
青　海						11 478	14 370
宁　夏	159	1 013				3 282	10 421
新疆（兵团）	25 912	3 223	497 980	1 150 137	2 310	67 780	186 233
新疆（农业）	3 200	2 783	36 533	72 000	1 971	4 510	11 165
新疆（畜牧）	12 116	3 015	25 235	57 361	2 273	20 007	36 316
热科院						3	9
广　州							
南　京							

各地区农垦主要农作物播种面积和产量（四）

地区	油料				糖料		
		油菜籽					
	每公顷产量（千克）	播种面积（公顷）	总产量（吨）	每公顷产量（千克）	播种面积（公顷）	总产量（吨）	每公顷产量（千克）
全国总计	**2 140**	**215 314**	**390 171**	**1 812**	**103 889**	**7 668 551**	**73 815**
北京							
天津	2 000						
河北	1 303	539	185	343	111	3 441	31 000
山西	1 418	8	26	3 250	105	5 549	52 848
内蒙古	1 814	106 638	173 839	1 630	448	18 486	41 263
辽宁	4 170				4	240	60 000
吉林	1 509				360	1 600	4 444
黑龙江	1 534				12 375	533 580	43 118
上海	1 362	283	385	1 362			
江苏	2 590	787	1 780	2 262	153	423	2 765
浙江	1 578	117	167	1 427			
安徽	2 076	825	1 573	1 907			
福建	2 235	122	180	2 635	419	31 050	74 105
江西	1 748	9 207	13 692	1 487	190	6 169	32 500
山东	3 447						
河南	2 004	487	613	1 259			
湖北	2 747	27 745	67 704	2 440	119	9 535	80 126
湖南	2 101	22 125	46 726	2 112	851	59 806	70 277
广东	2 890				27 646	1 943 262	80 397
广西	4 191				22 547	2 277 537	101 011
海南	2 293				4 906	319 390	65 102
重庆	2 000	3	6	2 000			
四川	2 075	19	40	2 105			
贵州	1 442	473	682	1 442			
云南	1 615	39	45	1 154	4 800	456 434	95 090
陕西	3 205						
甘肃	3 153	163	240	1 475	33	23	706
青海	1 252	11 478	14 370	1 252			
宁夏	3 175				6	321	53 500
新疆（兵团）	2 748	21 950	56 753	2 586	25 520	1 816 603	71 184
新疆（农业）	2 476	2 600	5 700	2 192	1 310	69 000	52 672
新疆（畜牧）	1 815	9 708	5 466	563	1 986	116 102	58 460
热科院	3 243						
广州							
南京							

各地区农垦主要工业产品产量（一）

地　区	发电量（万千瓦时）	原煤（吨）	混配合饲料（吨）	水泥（万吨）	砖（万块）	机制纸及纸板（吨）
全国总计	**1 566 290**	**29 010 499**	**4 831 329**	**2 245**	**940 250**	**617 200**
北　京						7 297
天　津						7 975
河　北	9 901		125 810	45	18 439	164 126
山　西		80 000	8 400			
内蒙古		17 158 132	27 659	25	25 300	1 820
辽　宁			77 460	11	23 828	1 512
吉　林				77		6 800
黑龙江	46 779	534 604	342 965	190	138 615	37 197
上　海			85 298			
江　苏			99 092		23 124	
浙　江	21 332		248 884	120	3 580	
安　徽	7 800		63 022	11	8 964	
福　建	11 391	98 950	7 109	45	21 715	67 395
江　西	18 807	246 890	28 080	9	53 398	55 392
山　东			4 030		3 150	
河　南			83 983	9	2 505	2 424
湖　北	13 420		805 949	278	179 055	26 182
湖　南	6 005		949 786		14 606	35 000
广　东	11 685		4 310	52	39 965	26 024
广　西	17 629		279 519	46	89 871	48 600
海　南	5 431			84	13 526	
重　庆			414 732			
四　川	14 802	639			430	
贵　州	120		31 227		34	
云　南	26 391			15	6 877	
陕　西		1 479 866	4 500			
甘　肃			9 567	260	480	
青　海					830	
宁　夏		28 610	24 913		27 608	
新疆（兵团）	1 348 688	9 258 299	1 055 861	967	205 101	127 026
新疆（农业）	2 150	124 510	14 020		33 055	
新疆（畜牧）	3 959		32 053		6 194	2 430
热科院						
广　州						
南　京			3 100			

各地区农垦主要工业产品产量（二）

地　　区	纱（万吨）	布（万米）	机制糖（吨）	饮料酒（千公升）	乳制品（吨）	食用植物油（吨）
总　　计	**51**	**64 760**	**2 057 949**	**1 444 166**	**2 839 946**	**1 930 780**
北　　京				9	213 196	
天　　津				55 363	66 470	
河　　北		6 813		4 227	403 628	15 270
山　　西					764	
内 蒙 古				1 330	22 284	63 071
辽　　宁				300 745	106 200	2 200
吉　　林						
黑 龙 江			33 172	49 358	577 259	1 042 907
上　　海			644 320	109 251	815 446	
江　　苏	3					12 846
浙　　江		34 084		60	6 500	
安　　徽	1			4 675	14 723	3 087
福　　建		95		3 246	4 145	1 045
江　　西	3	1 923		42 104		6 193
山　　东						
河　　南	1	22		27 510	12 297	1 157
湖　　北	15	12 636		363 838	90 128	451 957
湖　　南	3	213	3 955	3 945	5 000	3 200
广　　东			518 025	2 191	74 086	1 762
广　　西			612 965	13 127	2 310	446
海　　南			13 048	96		108
重　　庆					185 079	
四　　川				7 050	3 920	
贵　　州					32 511	
云　　南			60 108	91		
陕　　西					2 409	1 980
甘　　肃				156 637		
青　　海					13 400	
宁　　夏				145 376	19 502	12
新疆（兵团）	23	8 973	172 356	149 712	96 244	307 262
新疆（农业）	2			4 020	518	10 250
新疆（畜牧）				205	45 559	6 027
热 科 院						
广　　州					26 368	
南　　京						

全国农垦畜牧业生产情况

项　　目	单　位	2010 年	2009 年	2010 年比 2009 年增减	
				绝对量	%
牲畜饲养					
大牲畜年末总头数	万头	319. 22	317. 16	2. 06	0. 6
#役畜	万头	18. 86	22. 39	-3. 53	-15. 8
占总头数比重	%	5. 9	7. 1		-1. 2
牛	万头	292. 01	286. 31	5. 70	2. 0
#能繁殖母畜	万头	152. 73	149. 82	2. 91	1. 9
占年末头数比重	%	52. 3	52. 3		
仔畜	万头	83. 20	81. 55	1. 65	2. 0
#黄牛	万头	135. 89	147. 51	-11. 62	-7. 9
良种及改良奶牛	万头	143. 15	127. 01	16. 14	12. 7
马	万匹	17. 41	20. 10	-2. 69	-13. 4
猪年末头数	万头	1 134. 18	1 053. 39	80. 79	7. 7
能繁殖母畜	万头	152. 08	139. 61	12. 47	8. 9
占年末头数比重	%	13. 4	13. 3		0. 1
羊年末只数	万只	1 298. 74	1 268. 87	29. 87	2. 4
能繁殖母畜	万只	805. 50	801. 37	4. 13	0. 5
占年末只数比重	%	62. 0	63. 2		-1. 2
畜产品产量					
肉类总产量	吨	2 564 307	2 234 001	330 306	14. 8
出栏肉猪	万头	1 943. 81	1 759. 97	183. 84	10. 4
猪肉产量	吨	1 489 055	1 369 020	120 035	8. 8
出栏肉牛	万头	146. 74	135. 66	11. 08	8. 2
牛肉产量	吨	225 684	210 220	15 464	7. 4
出栏肉羊	万只	1 071. 21	1 025. 65	45. 56	4. 4
羊肉产量	吨	189 174	146 876	42 298	28. 8
牛奶产量	吨	3 660 900	3 446 545	214 355	6. 2
羊毛产量	吨	27 201	25 203	1 998	7. 9
蜂蜜产量	吨	8 481	6 495	1 986	30. 6
禽蛋产量	吨	397 089	313 428	83 661	26. 7

各地区农垦主要牲畜年末存栏情况

地　区	大牲畜（万头）	牛	奶　牛	猪（万头）	羊（万只）
全国总计	**319.22**	**292.01**	**143.15**	**1 134.18**	**1 298.74**
北　京	3.73	3.73	3.73	4.73	
天　津	1.93	1.81	1.81	0.11	
河　北	13.74	13.58	13.13	27.37	5.40
山　西	1.35	1.31	1.27	0.72	1.66
内蒙古	41.71	37.35	19.64	18.93	211.87
辽　宁	11.55	9.93	3.15	80.94	9.68
吉　林	4.23	3.64	0.78	15.60	15.23
黑龙江	89.23	88.94	39.49	231.38	167.40
上　海	4.59	4.59	4.59	23.99	
江　苏	0.42	0.42	0.34	7.65	1.33
浙　江	0.17	0.17	0.17	34.50	
安　徽	0.78	0.78	0.56	3.88	0.56
福　建	1.32	1.32	0.40	38.69	0.86
江　西	3.29	3.29	0.62	53.02	1.47
山　东	0.35	0.35	0.34	1.89	0.99
河　南	1.03	1.02	0.45	23.04	1.40
湖　北	4.92	4.92	0.96	99.58	4.15
湖　南	5.66	5.66	0.03	100.00	2.56
广　东	2.60	2.60	0.77	36.55	0.14
广　西	0.85	0.85	0.19	90.15	0.03
海　南	9.01	9.01		55.70	14.63
重　庆	2.77	2.77	2.77	5.48	
四　川	7.62	7.24	0.16	0.57	2.40
贵　州	1.58	1.56	1.47	0.55	0.19
云　南	0.55	0.55	0.03	7.96	0.38
陕　西	0.20	0.20	0.11	1.16	2.26
甘　肃	1.12	0.93	0.25	1.17	15.94
青　海	3.82	3.73	3.18	0.03	26.11
宁　夏	3.19	3.19	2.67	3.38	7.37
新疆（兵团）	40.88	36.84	19.91	155.42	427.76
新疆（农业）	6.88	5.03	1.52	5.10	31.27
新疆（畜牧）	47.58	34.13	18.13	4.40	345.61
热科院	0.05	0.05		0.55	0.08
广　州	0.53	0.53	0.53		
南　京					

各地区农垦渔业生产情况

地　区	水产养殖面积（公顷）	对虾养殖面积	水产品产量（吨）	养殖产量	对虾产量
全国总计	**299 044**	**17 381**	**1 151 715**	**1 022 945**	**39 255**
北　京					
天　津	706		7 439	7 439	
河　北	13 041	6 621	78 115	71 562	12 434
山　西	8		5	5	
内蒙古	4 240		4 155	1 637	
辽　宁	67 107	3 814	334 054	256 740	3 649
吉　林	927		1 551	1 545	
黑龙江	25 484		25 805	20 554	
上　海	3 410		25 686	25 686	
江　苏	5 066	578	45 518	44 380	2 588
浙　江	1 090	613	5 157	3 669	2 046
安　徽	1 039		4 777	4 328	
福　建	2 067	164	34 304	26 991	636
江　西	19 318		35 505	25 660	
山　东	4 535	3 060	5 512	2 770	505
河　南	504		5 348	5 161	
湖　北	44 075		333 727	333 727	
湖　南	50 316		76 594	63 799	
广　东	3 940	1 448	30 386	30 386	9 797
广　西	1 383	278	15 039	15 039	1 679
海　南	5 710	805	39 514	38 673	5 921
重　庆	26		156	156	
四　川	34		31	31	
贵　州	124		32	32	
云　南	1 631		5 690	5 690	
陕　西	33		42	42	
甘　肃	366		58	58	
青　海					
宁　夏	6 598		8 637	8 637	
新疆（兵团）	32 853		26 701	26 388	
新疆（农业）	3 218		1 782	1 782	
新疆（畜牧）	166		307	307	
热科院	21		70	70	
广　州					
南　京	8		17		

各地区农垦固定资产投资完成情况

单位：万元

地　　区	投资总额	第一产业	第二产业	第三产业	新增固定资产
全国总计	**18 112 207**	**2 238 332**	**9 021 645**	**6 852 231**	**13 916 743**
北　　京	122 220	24 691	49 094	48 435	108 083
天　　津	60 071	10 765	8 936	40 370	30 423
河　　北	2 257 704	129 356	1 504 889	623 459	820 497
山　　西	2 882	1 841	248	793	2 359
内 蒙 古	597 571	124 872	280 917	191 782	597 571
辽　　宁	1 459 016	241 652	837 375	379 989	2 421 614
吉　　林	10 317	5 629	4 223	465	9 077
黑 龙 江	2 061 483	429 583	136 006	1 495 894	1 663 549
上　　海	200 812	42 432	59 636	98 744	164 229
江　　苏	198 361	34 702	100 480	63 179	168 826
浙　　江	90 763	2 399	77 637	10 727	63 448
安　　徽	56 693	16 657	8 098	31 938	43 330
福　　建	141 687	8 328	120 557	12 802	113 468
江　　西	941 081	29 606	727 049	184 426	702 164
山　　东	46 245	9 182	36 888	175	46 245
河　　南	10 446	5 192	2 406	2 848	9 660
湖　　北	2 350 638	215 289	1 469 557	665 792	1 590 081
湖　　南	682 383	257 891	320 687	103 805	675 268
广　　东	202 232	40 664	33 190	128 378	116 850
广　　西	1 313 084	55 032	794 263	463 789	714 492
海　　南	515 791	52 226	45 935	417 630	388 173
重　　庆	25 346	3 386	10 405	11 555	7 172
四　　川	736	295	441		745
贵　　州	18 766	765	18 001		14 532
云　　南	64 015	35 302	7 602	21 111	35 896
陕　　西	6 978	1 939	3 393	1 646	8 267
甘　　肃	50 658	9 366	39 396	1 896	21 416
青　　海	1 449	1 370		79	1 144
宁　　夏	69 438	23 536	9 068	36 834	25 413
新疆（兵团）	4 482 739	391 574	2 304 709	1 786 456	3 317 601
新疆（农业）	18 037	12 525	2 735	2 777	12 450
新疆（畜牧）	32 342	16 677	6 222	9 443	9 783
热 科 院	13 905			13 905	7 084
广　　州	5 718	3 606	1 602	510	5 833
南　　京	600			600	

八、农　　机

全国主要农业机械发展情况（一）

项　　目	单　位	2010 年	2009 年	2010 年比 2009 年	
				增减量	%
农业机械总动力	**万千瓦**	**92 780.48**	**87 496.10**	**5 284.37**	**6.04**
柴油发动机动力	万千瓦	74 597.13	70 410.41	4 186.72	5.95
汽油发动机动力	万千瓦	2 596.62	2 357.10	239.52	10.16
电动机动力	万千瓦	15 518.77	14 652.20	866.57	5.91
其他机械动力	万千瓦	67.95	76.39	-8.44	-11.05
拖拉机及配套机械					
拖拉机数量	万台	2 177.96	2 101.42	76.55	3.64
大中型拖拉机数量	万台	392.17	350.52	41.66	11.88
小型拖拉机数量	万台	1 785.79	1 750.90	34.89	1.99
拖拉机动力	万千瓦	28 445.38	26 664.79	1 780.59	6.68
大中型拖拉机动力	万千瓦	11 166.99	9 742.10	1 424.89	14.63
小型拖拉机动力	万千瓦	17 278.39	16 922.69	355.70	2.10
拖拉机配套农具	万部	3 605.41	3 422.62	182.79	5.34
大中拖配套农具	万部	612.86	542.06	70.80	13.06
小拖配套农具	万部	2 992.55	2 880.56	111.99	3.89
种植业机械					
耕整地机械					
耕整机	万台（套）	420.78	330.00	90.78	27.51
机耕船	万艘	14.42	12.87	1.55	12.05
机引犁	万台	1 287.60	1 238.63	48.97	3.95
旋耕机	万台	463.34	409.50	53.84	13.15
深松机	万台	14.08	12.48	1.60	12.85
机引耙	万台	752.49	739.41	13.09	1.77
种植施肥机械					
播种机	万台	538.14	514.80	23.34	4.53
免耕播种机	万台	73.21	65.07	8.14	12.51
精少量播种机	万台	329.28	310.07	19.21	6.19
水稻种植机械					
水稻直播机	万台	2.53	1.21	1.32	109.26
水稻插秧机	万台	33.30	26.09	7.21	27.64
水稻浅栽机	万台	0.86	1.28	-0.42	-32.87
化肥深施机	万台	70.64	59.23	11.41	19.26
地膜覆盖机	万台	40.98	34.71	6.28	18.08

全国主要农业机械发展情况（二）

项　　目	单　位	2010 年	2009 年	2010 年比 2009 年	
				增减量	%
农用排灌机械					
农用排灌动力机械数量	万台	2 159.25	2 085.71	73.54	3.53
农用排灌动力机械动力	万千瓦	14 026.31	13 536.34	489.97	3.62
农用水泵	万台	2 108.78	2 040.62	68.16	3.34
节水灌溉类机械	万套	154.15	137.56	16.59	12.06
田间管理机械					
机动喷雾（粉）机	万台	461.44	395.91	65.53	16.55
茶叶修剪机	万台	15.04	10.01	5.03	50.29
收获机械					
联合收获机	万台	99.21	85.84	13.37	15.58
割晒机	万台	49.85	48.93	0.93	1.89
其他收获机械	万台	101.29	83.44	17.86	21.40
收获后处理机械					
机动脱粒机	万台	1 016.80	987.94	28.85	2.92
谷物烘干机	万台	3.76	4.33	-0.57	-13.13
种子加工机械	万台	2.61	2.61	0.00	0.05
保鲜储藏设备	万台（套）	4.04	2.74	1.30	47.61
设施农业设备					
水稻工厂化育秧设备	万套	0.55	0.45	0.10	21.83
温室	万平方米	1 133 995.59	976 631.98	157 363.61	16.11
农产品初加工机械					
农产品初加工动力机械	万台	1 364.28	1 296.64	67.64	5.22
	万千瓦	8 463.48	8 066.05	397.43	4.93
农产品初加工作业机械	万台	1 231.17	1 157.83	73.34	6.33
畜牧养殖机械	**万台（套）**	**607.81**	**577.05**	**30.76**	**5.33**
渔业机械	**万台**	**247.56**	**216.56**	**31.00**	**14.32**
林果业机械	**万台**	**17.36**	**13.36**	**4.00**	**29.96**
运输机械					
农用运输车	万台	1 361.40	1 345.04	16.36	1.22
三轮汽车	万台	1 087.09	1 078.71	8.38	0.78
手扶变型运输机	万台	83.37	82.26	1.11	1.35
农用挂车	万台	810.09	794.03	16.06	2.02

全国主要农业机械发展情况（三）

项　　目	单　位	2010 年	2009 年	2010 年比 2009 年	
				增减量	%
农田基本建设机械	**万台**	**39.64**	**39.35**	**0.29**	**0.74**
其他机械					
农用飞机	架	92	91	1	1.10
农业机械原值和净值					
农业机械原值	亿元	6 448.81	5 819.77	629.04	10.81
农业机械净值	亿元	4 718.16	4 224.46	493.71	11.69

全国主要农田机械化作业情况

项　　目	单　位	2010 年	2009 年	2010 年比 2009 年	
				增减量	%
农机化作业总体情况					
耕种收综合机械化水平	%	52.28	49.13	3.15	
机耕面积	千公顷	100 603.91	95 719.27	4 884.64	5.10
机耕水平	%	69.61	65.99	3.62	
机播面积	千公顷	69 160.92	65 093.08	4 067.84	6.25
机播水平	%	43.04	41.03	2.01	
机收面积	千公顷	59 846.69	53 408.65	6 438.04	12.05
机收水平	%	38.41	34.74	3.67	
机械植保面积	千公顷	57 364.21	53 237.01	4 127.20	7.75
主要农作物农机化作业面积					
小麦机耕	千公顷	21 973.70	22 011.71	-38.01	-0.17
小麦机播	千公顷	20 696.00	20 495.32	200.67	0.98
小麦机收	千公顷	21 456.04	20 907.72	548.32	2.62
水稻机耕	千公顷	25 880.87	24 570.80	1 310.06	5.33
水稻机种	千公顷	6 230.72	4 950.12	1 280.61	25.87
水稻机收	千公顷	19 266.76	16 794.95	2 471.81	14.72
玉米机耕	千公顷	20 121.01	18 847.60	1 273.40	6.76
玉米机播	千公顷	24 855.83	22 600.54	2 255.30	9.98
玉米机收	千公顷	8 379.53	5 273.25	3 106.28	58.91

各地区农业机械总动力情况

单位：万千瓦

地　区	农业机械总动力	柴油发动机动力	汽油发动机动力	电动机动力	其他机械动力
全国总计	**92 780.48**	**74 597.13**	**2 596.62**	**15 518.77**	**67.95**
北　京	276.00	175.11	24.00	76.89	
天　津	587.79	385.41	65.74	136.64	
河　北	10 151.30	8 011.62	121.57	2 018.11	
山　西	2 809.17	2 369.83	86.17	353.17	
内蒙古	3 033.58	2 733.11	14.73	282.14	3.60
辽　宁	2 248.66	1 773.34	67.63	404.81	2.88
吉　林	2 145.00	1 929.00	7.00	209.00	
黑龙江	3 736.29	3 491.33	88.88	156.08	
上　海	104.06	57.46	8.35	38.25	
江　苏	3 937.34	2 936.54	154.41	846.39	
浙　江	2 427.46	1 685.76	106.39	635.31	
安　徽	5 409.78	4 666.47	100.72	642.59	
福　建	1 206.16	891.66	64.01	250.47	0.03
江　西	3 805.00	2 978.00	161.00	666.00	
山　东	11 628.97	9 949.58	160.14	1 519.24	0.01
河　南	10 195.89	9 029.20	56.29	1 110.30	0.09
湖　北	3 371.00	2 403.58	66.24	901.18	
湖　南	4 651.54	3 547.84	274.83	809.58	19.29
广　东	2 345.28	1 634.05	164.24	543.28	3.71
广　西	2 767.67	2 254.36	65.69	444.79	2.83
海　南	425.24	352.12	25.52	36.60	11.00
重　庆	1 071.09	590.41	132.12	348.16	0.40
四　川	3 155.13	2 102.11	165.49	884.79	2.74
贵　州	1 730.31	1 192.24	53.42	472.21	12.44
云　南	2 411.05	1 703.48	101.35	605.18	1.04
西　藏	378.06	258.23	114.27	2.62	2.94
陕　西	2 000.00	1 531.65	58.61	409.64	0.10
甘　肃	1 977.55	1 579.07	37.81	360.07	0.60
青　海	421.31	360.95	25.27	33.16	1.93
宁　夏	729.12	615.84	6.19	106.55	0.54
新　疆	1 643.67	1 407.79	18.52	215.57	1.79

各地区主要农业机械拥有量情况（一）

地区	农业机械总动力（万千瓦）	拖拉机及配套机械					
		大中型拖拉机		小型拖拉机		大中型拖拉机配套农具	小型拖拉机配套农具
		（万台）	（万千瓦）	（万台）	（万千瓦）	（万部）	（万部）
全国总计	**92 780.48**	**392.17**	**11 166.99**	**1 785.79**	**17 278.39**	**612.86**	**2 992.55**
北京	276.00	0.83	36.21	1.32	14.67	1.41	1.03
天津	587.79	1.30	53.92	3.12	32.59	1.97	3.87
河北	10 151.30	17.26	713.81	150.50	1 630.99	34.53	201.04
山西	2 809.17	7.32	261.25	29.95	276.82	15.17	39.05
内蒙古	3 033.58	51.41	1 068.71	50.13	609.54	80.85	87.14
辽宁	2 248.66	15.16	387.75	26.33	276.85	18.74	41.06
吉林	2 145.00	29.36	665.70	61.20	592.00	59.00	177.80
黑龙江	3 736.29	65.47	1 623.34	69.27	740.87	75.92	118.07
上海	104.06	0.58	24.12	0.58	5.34	1.46	0.52
江苏	3 937.34	9.67	377.74	122.84	1 118.64	16.41	168.83
浙江	2 427.46	0.84	31.70	16.91	150.93	1.20	18.69
安徽	5 409.78	12.47	472.87	236.12	1 885.83	23.31	534.21
福建	1 206.16	0.26	10.46	10.77	107.02	0.27	11.54
江西	3 805.00	1.66	38.49	39.03	469.80	2.05	28.61
山东	11 628.97	42.57	1 420.86	201.67	1 658.52	87.89	312.80
河南	10 195.89	27.44	969.55	358.61	3 797.50	64.26	666.42
湖北	3 371.00	12.71	412.07	99.10	697.69	21.49	204.65
湖南	4 651.54	8.48	247.66	19.86	207.69	2.77	9.71
广东	2 345.28	1.84	73.23	37.12	304.17	2.72	41.26
广西	2 767.67	2.17	96.43	35.77	316.94	3.34	47.38
海南	425.24	2.98	68.80	4.97	49.11	1.27	3.72
重庆	1 071.09	0.33	10.06	0.68	8.78	0.25	0.24
四川	3 155.13	9.11	206.01	12.03	147.37	3.19	11.35
贵州	1 730.31	2.53	60.65	5.66	68.42	1.36	2.47
云南	2 411.05	22.50	494.09	33.92	358.19	3.15	27.69
西藏	378.06	2.55	50.13	13.03	155.10	1.46	5.84
陕西	2 000.00	8.08	262.21	18.25	198.64	13.62	26.96
甘肃	1 977.55	7.32	180.93	46.07	509.82	20.23	92.08
青海	421.31	0.82	20.83	26.88	254.44	0.52	23.45
宁夏	729.12	2.79	66.90	17.99	190.32	5.15	22.50
新疆	1 643.67	24.36	760.52	36.11	443.81	47.90	62.57

各地区主要农业机械拥有量情况（二）

地 区	种植业机械						
	耕整机（万台/套）	机耕船（万艘）	机引犁（万台）	旋耕机（万台）	深松机（万台）	机引耙（万台）	播种机（万台）
全国总计	**420.78**	**14.42**	**1 287.60**	**463.34**	**14.08**	**752.49**	**538.14**
北 京	1.35		0.41	0.55	0.03	0.15	0.93
天 津	1.09		0.74	2.11	0.04	0.18	1.82
河 北	1.14	…	64.89	22.58	0.63	9.11	51.39
山 西	1.03		20.55	7.48	0.62	5.12	10.35
内蒙古	1.13	…	56.49	4.68	1.66	15.16	51.12
辽 宁	2.96	…	11.37	5.43	0.37	3.70	16.70
吉 林	0.46		59.70	14.60	2.88	22.47	44.80
黑龙江	4.40		37.80	14.80	2.28	12.92	55.73
上 海			0.46	0.68		0.30	0.04
江 苏	0.61		27.21	88.39	0.26	3.27	23.26
浙 江	2.07	0.48	2.81	12.69	0.01	1.99	0.02
安 徽	3.64	0.01	211.70	56.48	0.20	174.71	40.00
福 建	5.19	0.03	1.40	8.74	0.01	0.57	…
江 西	28.50	0.72	8.39	27.30	0.09	9.27	0.16
山 东	6.57		147.80	31.53	0.88	80.65	63.81
河 南	0.66		318.33	18.38	0.24	214.60	121.61
湖 北	26.16	1.94	86.98	51.78	0.20	64.18	3.36
湖 南	134.91	10.33	79.85	10.56	0.18	66.77	0.05
广 东	11.88	0.25	8.42	13.47	0.03	6.52	…
广 西	54.94	0.04	16.24	12.66	0.14	14.90	
海 南	6.77	0.06	1.87	1.14	0.05	1.30	
重 庆	24.74		0.03	0.44	…	0.02	0.04
四 川	48.69	0.03	8.28	13.08	0.02	3.44	1.59
贵 州	15.99	0.03	2.13	2.65	0.01	1.62	0.03
云 南	20.43	…	11.57	12.67	0.33	6.71	0.09
西 藏	0.47		2.71	0.17		1.21	1.85
陕 西	4.74		13.55	9.68	0.09	0.13	11.20
甘 肃	7.58		35.00	7.85	2.45	18.00	12.00
青 海	0.48		11.79	6.58	0.02	1.38	5.41
宁 夏	1.22	…	15.79	1.30	0.05	4.02	7.81
新 疆	0.98		23.35	2.91	0.31	8.12	12.96

各地区主要农业机械拥有量情况（三）

地区	种植业机械						
	水稻直播机（万台）	水稻插秧机（万台）	水稻浅栽机（万台）	化肥深施机（万台）	地膜覆盖机（万台）	农用排灌动力机械（万台）	农用水泵（万台）
全国总计	**2.53**	**33.30**	**0.86**	**70.64**	**40.98**	**2 159.25**	**2 108.78**
北京				0.04	0.02	4.70	4.23
天津		0.03		0.01	0.34	10.80	9.24
河北	…	0.03		5.84	4.06	261.39	172.09
山西				1.89	2.30	15.68	13.95
内蒙古		0.31		2.54	3.68	36.14	35.96
辽宁	0.01	1.61	0.07	0.94	0.41	103.83	127.67
吉林	…	1.30	0.02	21.00	0.30	46.73	47.80
黑龙江	0.20	15.26		0.77	0.90	32.21	43.26
上海	0.10	0.11		…		1.35	1.35
江苏	0.37	6.53		0.43	0.02	58.20	60.00
浙江	0.02	0.58	0.01	0.57	0.01	99.53	96.02
安徽	0.18	1.13		9.67	0.78	150.47	174.10
福建	…	0.24	…	…	0.03	15.14	15.06
江西	0.02	0.78	0.17	0.62	0.01	116.40	73.10
山东		0.06		2.62	11.09	301.64	296.19
河南	0.02	0.13		10.05	1.39	160.06	216.29
湖北	1.03	1.65		1.78	0.25	85.25	85.49
湖南	0.05	0.32		2.04	0.18	218.69	209.98
广东	…	0.31		0.25	…	73.45	68.51
广西	…	1.24	…	0.13	0.11	74.03	83.40
海南		0.07		0.01		20.31	19.19
重庆		0.91	0.01		0.01	90.43	90.43
四川	…	0.27	0.57	0.50	0.01	57.14	62.93
贵州	…	0.17		0.01	0.04	41.83	28.92
云南		0.01	…	0.01	…	26.13	21.66
西藏					…	0.29	0.10
陕西		0.01	0.01	0.72	1.11	34.14	30.15
甘肃				2.50	4.80	13.39	11.45
青海				1.09	0.18	0.37	0.34
宁夏	0.52	0.14		0.40	0.64	2.77	3.62
新疆	0.01	0.11		4.22	8.30	6.77	6.30

各地区主要农业机械拥有量情况（四）

地　区	种植业机械						
	节水灌溉类机械（万套）	机动喷雾（粉）机（万台）	茶叶修剪机（万台）	联合收获机（万台）	割晒机（万台）	其他收获机械（万台）	机动脱粒机（万台）
全国总计	**154.15**	**461.44**	**15.04**	**99.21**	**49.85**	**101.29**	**1 016.80**
北　京	1.09	2.04		0.21		0.26	0.51
天　津	0.29	0.86		0.40	0.03	0.41	1.92
河　北	4.39	48.03		7.93	3.99	11.38	21.78
山　西	0.96	3.72		1.28	0.96	2.33	6.06
内蒙古	5.53	5.23		0.80	3.52	10.44	9.31
辽　宁	11.05	9.66		0.54	0.31	2.92	12.66
吉　林	2.80	1.08		1.54	0.38	1.73	16.00
黑龙江	3.00	9.50		4.38	2.26	9.61	16.57
上　海	0.54	2.11		0.22		0.02	0.75
江　苏	3.22	57.32	0.20	9.85	0.43	8.41	33.00
浙　江	2.36	18.95	2.32	1.80	0.01	1.06	110.58
安　徽	19.20	32.78	2.34	10.21	10.69	2.19	38.05
福　建	1.16	24.69	4.55	0.44	0.06	1.64	9.35
江　西	5.09	15.88	0.23	4.57	0.06	0.36	93.14
山　东	48.32	43.15	0.15	18.07	7.05	13.86	42.87
河　南	17.37	26.19	0.60	14.38	8.28	15.00	55.73
湖　北	2.52	43.56	2.15	5.08	1.57	3.02	18.09
湖　南	0.62	29.02	0.22	6.89	0.12	0.88	107.62
广　东	11.58	17.21	0.24	1.82	0.09	1.10	56.97
广　西	3.30	8.66	0.21	1.70	3.61	0.31	79.84
海　南	0.23	2.93		0.34	0.20		3.96
重　庆	0.10	5.71	0.23	0.31	0.14	0.47	60.77
四　川	1.53	19.29	0.84	1.20	0.69	1.19	107.62
贵　州	0.96	2.90	0.12	0.06	0.15	1.14	14.44
云　南	0.38	5.99	0.39	0.35	0.10	0.02	27.10
西　藏		0.10		0.51	0.90	0.42	4.19
陕　西	1.07	13.43	0.18	2.60	0.27	3.38	25.08
甘　肃	0.90	3.49	0.07	0.36	1.72	1.70	13.44
青　海	0.20	0.27		0.12	0.17	0.25	2.83
宁　夏	0.76	0.34		0.63	0.02	0.49	1.65
新　疆	3.63	7.35		0.62	2.07	5.35	5.08

各地区主要农业机械拥有量情况（五）

地 区	种植业机械				四、农产品初加工机械		
	谷物烘干机	种子加工机械	保鲜储藏设备	温室	初加工动力机械		初加工作业机械
	（万台）	（万台）	（万台/套）	（万平方米）	（万台）	（万千瓦）	（万台）
全国总计	**3.76**	**2.61**	**4.04**	**1 133 995.59**	**1 364.28**	**8 463.48**	**1 231.17**
北 京	0.01		0.02	18 490.69	0.85	7.18	0.86
天 津				20 342.01	2.41	9.17	0.72
河 北	0.01	0.11	0.08	162 605.57	97.90	875.02	48.76
山 西	0.04	0.03	0.07	34 086.54	21.40	173.48	14.91
内蒙古	0.02	0.34		36 875.13	10.20	89.68	6.64
辽 宁	0.04	0.01	0.20	161 381.84	17.54	124.12	15.32
吉 林	0.07	0.20		15 720.00	14.60	137.63	12.30
黑龙江	0.07	0.74		16 817.80	12.26	133.42	6.04
上 海	0.02		0.02	5 272.69	0.42	3.92	0.42
江 苏	0.14	0.05	0.37	92 432.00	25.61	235.00	22.74
浙 江	0.14	0.02	0.37	40 345.15	21.49	139.93	43.47
安 徽	0.17	0.01	0.17	10 027.00	44.72	331.67	47.73
福 建	0.02	0.01	0.52	2 403.74	58.63	199.76	61.12
江 西	0.06	0.03	0.05	6 247.87	57.27	585.26	42.66
山 东	0.06	0.18	0.21	277 178.33	99.50	862.57	48.19
河 南	0.06	0.06	0.32	42 608.00	80.24	582.75	50.82
湖 北	0.14	0.07	0.37	18 054.28	87.36	454.93	95.74
湖 南	0.01	…	0.02	3 887.87	120.68	666.43	120.03
广 东	0.01	…	0.57	4 903.56	27.16	224.73	22.83
广 西	0.05		0.02	306.04	82.28	454.81	80.92
海 南			…	21 499.63	2.15	23.87	2.12
重 庆	0.23	0.04	0.17	2 850.00	93.74	319.95	103.35
四 川	0.01	…	0.02	19 366.03	130.79	557.75	158.52
贵 州	0.66	…	…	211.28	108.54	464.48	108.30
云 南	…	0.02	0.08	19 661.55	71.57	393.68	72.22
西 藏		0.02		892.57	1.27	4.19	1.27
陕 西	0.06	0.02	0.22	22 493.22	38.74	194.02	22.30
甘 肃	0.03	0.50	0.04	23 489.47	26.00	117.95	13.55
青 海	1.10			1 114.03	1.38	14.05	2.61
宁 夏	0.24	0.02	0.01	16 582.63	2.47	26.23	1.85
新 疆	0.21	0.13	0.12	35 849.07	5.11	55.86	2.86

各地区主要农业机械拥有量情况（六）

地　区	畜牧养殖机械		渔业机械		林果业机械	
	（万台/套）	（万千瓦）	（万台）	（万千瓦）	（万台）	（万千瓦）
全国总计	**607.81**	**1 815.35**	**247.56**	**1 582.92**	**17.35**	**84.22**
北　京	1.08	6.52	1.43	4.41	0.41	1.38
天　津	0.59	4.87	4.84	10.52	0.01	0.49
河　北	11.72	66.45	3.90	57.63	0.17	2.70
山　西	6.77	28.58	0.09	0.55	0.16	0.53
内蒙古	22.36	126.52	0.14	0.84	0.18	1.46
辽　宁	19.04	71.13	4.94	12.85	0.49	1.09
吉　林	8.70	59.41	0.50	1.32	0.04	0.54
黑龙江	24.70	37.40	0.32	1.35	0.08	0.37
上　海	0.18	2.10	2.25	23.23	0.08	0.17
江　苏	9.39	59.34	27.54	128.00	0.49	3.62
浙　江	5.32	21.88	18.46	439.04	1.64	4.77
安　徽	6.91	33.85	5.05	22.92	1.96	4.65
福　建	3.30	24.95	13.94	230.14	1.21	8.73
江　西	6.78	55.54	7.42	33.04	1.14	13.20
山　东	17.43	39.19	11.23	218.59	0.79	5.92
河　南	21.88	60.01	2.54	9.00	0.17	1.14
湖　北	35.98	78.90	28.74	55.96	0.39	2.81
湖　南	23.68	94.39	10.53	38.10	0.97	5.84
广　东	9.76	68.59	73.10	225.86	1.29	8.84
广　西	33.00	68.00	5.49	8.34	0.48	1.35
海　南	0.55	5.57	6.06	19.45	0.03	0.52
重　庆	45.39	62.18	5.40	11.56	0.48	1.45
四　川	57.22	113.36	10.81	17.98	0.24	1.56
贵　州	40.52	129.50	0.07	0.16	0.40	3.17
云　南	128.03	191.84	1.17	6.48	0.04	0.49
西　藏	0.91	1.41				
陕　西	29.79	103.83	0.71	2.67	0.52	2.79
甘　肃	13.93	78.00	0.08	0.68	0.01	0.02
青　海	1.73	6.53				
宁　夏	13.23	51.10	0.51	0.94	1.98	3.86
新　疆	7.94	14.41	0.30	1.31	1.51	0.75

各地区主要农业机械拥有量情况（七）

地区	运输机械			农田基本建设机械（万台）	其他机械	农业机械原值和净值	
	农用运输车（万台）	手扶变型运输机（万台）	农用挂车（万台）		农用飞机（架）	原值（亿元）	净值（亿元）
全国总计	**1 361.40**	**83.37**	**810.09**	**39.64**	**92**	**6 448.81**	**4 718.16**
北京	6.59	0.05	0.94	0.10		31.05	20.65
天津	13.53		0.33	0.38	3	34.18	24.54
河北	268.19	0.13	92.11	3.26	2	508.44	362.82
山西	96.52	0.15	7.96	1.55		172.77	128.73
内蒙古	40.64		62.92	0.77		265.31	191.99
辽宁	49.27	0.42	17.82	1.32	12	150.69	112.65
吉林	16.15	0.16	34.70	0.25		190.00	141.70
黑龙江	18.46	…	27.00	0.35	24	406.23	324.80
上海	0.02		0.35				
江苏	24.20	5.95	11.30	6.76	4	320.00	229.00
浙江	8.63	6.81	0.64	2.40		235.12	158.83
安徽	66.38	16.13	103.73	1.20		417.32	293.90
福建	4.58	8.66	2.67	0.91		101.93	63.35
江西	20.38	12.54	0.48	3.55		300.00	198.00
山东	276.47	0.97	127.62	3.88	8	664.84	517.00
河南	219.55	0.14	124.74	1.57		654.33	490.55
湖北	21.57		78.74	1.65	9	264.69	198.74
湖南	21.51	4.17	1.02	1.50	1	259.15	190.30
广东	10.36	2.74	12.37	1.72		158.27	104.17
广西	4.96	18.70	0.25	0.71		200.83	143.67
海南	2.76	0.10		0.09		36.66	26.04
重庆	3.58	2.95	0.07	0.35		79.12	59.29
四川	10.51	0.80	6.34	0.63		213.90	149.52
贵州	11.18	1.07	3.63	0.60		74.60	54.10
云南	10.01	0.31	3.40	0.39		148.45	108.83
西藏	2.29		7.60	0.01		29.00	19.43
陕西	50.67	0.04	4.21	1.38		156.05	113.45
甘肃	57.64	0.37	11.00	0.34		124.15	87.84
青海	2.86		19.62	0.08		29.62	21.21
宁夏	17.63	0.01	7.04	0.35		55.10	37.31
新疆	4.32	…	39.49	1.58	29	167.02	145.76

九、农村能源

各地区农村能源管理推广机构情况

地区	机构（个）				人员（人）				
		省级	地、县级	乡级		省级	地、县级	乡级	#大专及以上人员
全国总计	**12 886**	**37**	**3 026**	**9 823**	**40 234**	**534**	**18 189**	**21 511**	**25 950**
北京	48	2	15	31	253	9	157	87	136
天津	8	1	7		48	3	45		31
河北	470	2	183	285	1 438	24	892	522	941
山西	663	1	120	542	1 493	31	724	738	1 033
内蒙古	415	1	96	318	2 038	43	913	1 082	1 152
辽宁	910	1	101	808	1 693	20	395	1 278	904
吉林	66	1	65		554	8	541	5	397
黑龙江	565	2	260	303	1 256	31	605	620	939
上海									
江苏	104	1	103		1 016	11	522	483	579
浙江	116	1	80	35	483	24	359	100	368
安徽	286	2	111	173	742	30	522	190	530
福建	290	1	78	211	599	14	319	266	443
江西	784	1	110	673	1 474	7	490	977	826
山东	750	1	156	593	2 396	7	885	1 504	1 810
河南	827	1	155	671	3 285	33	1 353	1 899	2 020
湖北	472	1	111	360	2 017	24	904	1 089	1 192
湖南	180	1	140	39	954	14	901	39	694
广东	663	1	103	559	1 521	16	398	1 107	853
广西	734	1	122	611	1 941	32	725	1 184	1 140
海南	89	1	21	67	480	12	171	297	262
重庆	364	1	37	326	899	9	264	626	581
四川	1 066	1	191	874	2 678	30	1 146	1 502	1 794
贵州	1 022	1	96	925	2 745	10	625	2 110	2 036
云南	976	2	158	816	2 939	17	912	2 010	1 530
西藏	62	1	61		236	5	231		230
陕西	353	2	114	237	2 097		1 302	795	1 126
甘肃	366	1	98	267	1 796	27	1 106	663	1 410
青海	24	1	23		227	6	221		204
宁夏	56	1	26	29	290	25	201	64	250
新疆	157	2	85	70	646	12	360	274	539

各地区农村能源经费投入情况（一）

单位：万元

地区	政府合计		中央投入	省级投入		地级投入	
	拨款	贷款		拨款	贷款	拨款	贷款
全国总计	**972 238**	**202**	**586 666**	**212 335**	**3**	**54 794**	**199**
北京	31 207			25 351			
天津	3 942		1 933	1 626			
河北	35 622		29 126	1 500		412	
山西	14 949		4 701	6 675		2 013	
内蒙古	27 893		22 800	2 181		1 572	
辽宁	21 036		10 502	3 750		4 990	
吉林	7 202		5 504	1 541		20	
黑龙江	27 848		15 411	8 907		807	
上海							
江苏	41 902		12 363	19 763		1 792	
浙江	32 790		4 920	5 465		3 437	
安徽	28 654		17 508	7 118		365	
福建	11 863	16	5 818	4 379		700	16
江西	25 181		21 689	2 026		219	
山东	54 203		20 107	13 783		8 988	
河南	43 636		26 747	3 298		5 305	
湖北	66 804		37 817	25 000		2 232	
湖南	39 324		31 261	1 836		1 194	
广东	17 474		3 454	6 685		3 678	
广西	47 083		36 505	9 135		651	
海南	13 997		7 648	2 460		2 403	
重庆	44 879		32 670	9 511			
四川	83 851		56 766	15 293		4 652	
贵州	45 081	3	29 293	10 335	3	3 041	
云南	27 647	183	11 209	12 824		2 046	183
西藏	15 946		13 289	2 658			
陕西	51 107		31 790	5 306		4 017	
甘肃	20 649		16 760	2 500			
青海	12 320		11 969	351			
宁夏	21 208		19 884	13			
新疆	56 939		47 222	1 067		259	

各地区农村能源经费投入情况（二）

单位：万元

地区	县级投入		乡级投入		用户自筹		其他投入
	拨款	贷款	拨款	贷款	资金	投劳折资	
全国总计	**106 607**	**1 239**	**11 835**		**943 112**	**183 841**	**7 600**
北京	5 375		480		3 515		
天津	383				4 491		
河北	4 147		437		58 296	3 394	80
山西	1 443		117		5 378	290	
内蒙古	1 341				49 310	11 568	
辽宁	1 557		238		16 576	3 196	
吉林	137				655	989	
黑龙江	2 328		395		8 258	21 468	150
上海							
江苏	7 843		141		32 518	3 682	
浙江	17 447		1 521		22 797	1 964	30
安徽	3 510		154		56 601	3 134	244
福建	782	139	183		13 014	48	
江西	1 041	126	206		22 219	8 361	175
山东	10 345		981		52 524	6 374	50
河南	5 345		2 941		75 664	4 454	582
湖北	1 669	783	87		78 025	18 788	250
湖南	4 331	100	702		42 217	9 719	274
广东	2 941		716		23 121	3 539	
广西	793				15 766	5 464	1 331
海南	1 486				7 956		
重庆	2 689		8		28 478	13 555	64
四川	7 113		28		146 253	18 171	1 997
贵州	1 953		459		19 939	16 996	1 061
云南	1 461	42	107		16 732	8 222	808
西藏							
陕西	8 786		1 208		33 977	3 273	
甘肃	1 355	50	34		41 731	2 869	504
青海						5 123	
宁夏	1 311				13 004	2 504	
新疆	7 696		694		54 098	6 696	

各地区户用沼气池情况

地　　区	年初数（万户）	本年新增（户）	本年报废（户）	年末累计（万户）	本年利用（万户）	年总产气量（万立方米）	年户均产气量（立方米）
全国总计	**3 507.0**	**3 754 649**	**316 748**	**3 850.8**	**3 408.9**	**1 307 829**	**384**
北　京	1.0	373	1 596	0.9	0.9	247	273
天　津	3.4	7 278	282	4.1	4.1	1 310	320
河　北	286.3	165 052	15 464	301.3	258.6	91 036	352
山　西	68.4	26 650	5 713	70.5	52.7	16 806	319
内蒙古	43.2	100 504	12 967	52.0	43.3	13 391	309
辽　宁	54.7	50 454	12 590	58.5	46.3	13 970	301
吉　林	11.7	18 448	2 833	13.3	11.1	3 009	271
黑龙江	28.4	14 475	3 469	29.5	22.0	5 346	243
上　海							
江　苏	58.0	80 370	9 258	65.2	60.4	18 903	313
浙　江	14.4	12 735	12 458	14.4	14.2	6 285	442
安　徽	67.1	87 970	31 134	72.7	63.8	22 334	350
福　建	42.0	60 000	20 033	46.0	43.2	20 381	472
江　西	152.3	103 570	19 800	160.7	128.1	49 475	386
山　东	188.1	367 675	20 642	222.8	196.4	71 857	366
河　南	335.9	303 569	11 276	365.1	324.3	117 949	364
湖　北	266.0	249 712	21 622	288.9	277.1	100 491	363
湖　南	202.4	158 718	9 998	217.2	193.9	82 544	426
广　东	38.5	32 449	5 282	41.2	41.2	18 724	454
广　西	341.3	161 147	9 046	356.5	287.3	125 476	437
海　南	31.2	29 000	2 970	33.8	33.8	24 327	720
重　庆	112.8	210 257	8 466	133.0	120.4	41 698	346
四　川	475.0	500 710	9 526	524.1	523.6	182 081	348
贵　州	171.2	129 011	9 023	183.2	151.9	73 906	486
云　南	248.0	211 278	17 150	267.4	246.3	115 494	469
西　藏	11.3	79 000	216	19.2	14.9	4 482	300
陕　西	97.6	196 312	18 456	115.4	85.6	30 363	355
甘　肃	82.3	181 322	4 417	100.0	92.5	32 879	355
青　海	15.9	10 831	3 378	16.6	10.2	3 515	346
宁　夏	22.2	32 238	9 013	24.6	17.9	5 780	323
新　疆	36.1	173 541	8 670	52.6	42.7	13 537	317

各地区沼气工程情况（一）

地　区	合计（处）				处理工业废弃物工程			
	年初数	本年新增	本年报废	年末累计	年初数（处）	年末累计		
						数量（处）	总池容（万立方米）	年产气量（万立方米）
全国总计	**56 856**	**19 525**	**3 349**	**73 032**	**322**	**337**	**65.24**	**12 523.52**
北　京	140	9	7	142				
天　津	191	38	3	226	3	1	1.50	270.00
河　北	1 474	345	22	1 797	9	9	3.07	721.14
山　西	284	10		294				
内蒙古	55	170	5	220				
辽　宁	735	376	114	997				
吉　林	18			18				
黑龙江	233	541		774				
上　海		10		10				
江　苏	1 703	682	30	2 355	32	92	10.58	398.10
浙　江	11 482	5 688	1 059	16 111	4			
安　徽	855	319	22	1 152	14	14	7.21	139.76
福　建	5 540	691	807	5 424				
江　西	3 432	1 132	227	4 337	13	13	0.28	11.99
山　东	2 207	1 107	74	3 240	61	59	13.50	5 566.96
河　南	4 272	562	151	4 683	22	24	11.95	2 684.95
湖　北	1 400	608	5	2 003	5	6	1.50	516.54
湖　南	10 476	3 399	178	13 697	3	3	0.17	11.95
广　东	2 301	1 060	169	3 192	5			
广　西	2 289	489	47	2 731	47	14	4.48	91.34
海　南	1 049	385	325	1 109	47	41	3.67	1 086.23
重　庆	1 825	205	48	1 982				
四　川	3 026	811	33	3 804	51	50	6.66	811.15
贵　州	807	289	5	1 091				
云　南	55	29	8	76	5	7	0.19	16.07
西　藏								
陕　西	548	353	10	891				
甘　肃	164	31		195	1	1	0.40	175.20
青　海	42	59		101				
宁　夏	217	6		223		3	0.10	22.15
新　疆	36	121		157				

注：年末累计减年初数减本年新增为本年报废。

各地区沼气工程情况（二）

地区	处理农业废弃物工程							
	年初数（处）	年末累计			大型沼气工程			
					年初数（处）	年末累计		
		数量（处）	总池容（万立方米）	年产气量（万立方米）		数量（处）	总池容（万立方米）	年产气量（万立方米）
全国总计	**56 534**	**72 695**	**6.8**	**105 426.09**	**3 717**	**4 641**	**360.1**	**61 318.87**
北　京	140	142	8.2	2 080.70	76	81	6.9	1 752.05
天　津	188	225	2.3	571.26	8	13	0.9	249.09
河　北	1 465	1 788	25.4	4 120.69	50	101	10.9	2 368.63
山　西	284	294	4.9	1 713.40	88	96	4.1	1 584.00
内蒙古	55	220	6.2	1 345.43	17	46	5.3	1 227.58
辽　宁	735	997	27.4	2 504.49	271	176	10.0	723.25
吉　林	18	18		22.25				
黑龙江	233	774	11.3	2 158.79	25	72	7.6	1 780.45
上　海		10	1.3	441.37		10	1.3	441.37
江　苏	1 671	2 263	37.1	4 890.50	178	225	13.8	2 257.00
浙　江	11 478	16 111	133.4	10 721.62	248	193	14.7	1 301.34
安　徽	841	1 138	13.8	1 363.08	25	76	6.3	977.15
福　建	5 540	5 424	41.9	3 969.88	308	307	19.1	2 265.75
江　西	3 419	4 324	68.6	6 909.36	284	387	37.1	2 212.75
山　东	2 146	3 181	52.9	9 916.01	192	252	30.0	8 243.12
河　南	4 250	4 659	77.1	13 180.71	490	660	43.3	10 757.14
湖　北	1 395	1 997	20.4	3 560.63	85	134	7.2	2 059.29
湖　南	10 473	13 694	67.5	4 310.63	50	121	10.7	844.86
广　东	2 296	3 192	67.4	6 549.71	303	443	39.4	4 089.27
广　西	2 242	2 717	17.9	2 127.24	63	78	2.9	328.80
海　南	1 002	1 068	23.9	5 869.53	279	318	15.9	4 642.80
重　庆	1 825	1 982	25.0	1 614.61	121	141	11.4	767.23
四　川	2 975	3 754	85.5	11 154.18	415	471	45.4	7 832.30
贵　州	807	1 091	13.5	1 079.56	31	46	2.6	415.48
云　南	50	69	1.5	143.19	19	15	1.1	105.05
西　藏								
陕　西	548	891	8.7	629.75	5	39	2.7	142.52
甘　肃	163	194	5.8	1 290.48	34	59	5.0	1 070.54
青　海	42	101	2.1	250.02	2	8	0.7	149.58
宁　夏	217	220	2.2	300.34	30	33	1.0	180.62
新　疆	36	157	3.4	636.68	20	40	2.8	549.85

各地区沼气工程情况（三）

地区	处理农业废弃物工程							
	中型沼气工程				小型沼气工程			
	年初数（处）	数量（处）	总池容（万立方米）	年产气量（万立方米）	年初数（处）	年末累计		
						数量（处）	总池容（万立方米）	年产气量（万立方米）
全国总计	**18 853**	**22 795**	**306.95**	**27 705.34**	**33 964**	**45 259**	**189.71**	**16 401.89**
北京	58	53	1.23	309.93	6	8	0.08	18.72
天津	140	148	1.03	276.58	40	64	0.29	45.59
河北	863	975	10.68	1 244.26	552	712	3.91	507.79
山西	11	13	0.13	12.41	185	185	0.65	117.00
内蒙古	11	11	0.14	28.06	27	163	0.82	89.79
辽宁	147	481	16.42	1 761.77	317	340	0.92	19.48
吉林	5	5	0.10	17.60	13	13	0.05	4.65
黑龙江	5	5	0.14	5.00	203	697	3.54	373.34
上海								
江苏	1 136	1 496	17.09	2 046.46	357	542	6.28	587.04
浙江	6 811	7 047	84.22	6 652.47	4 419	8 871	34.43	2 767.81
安徽	221	218	3.32	228.55	595	844	4.16	157.37
福建	755	660	9.01	964.62	4 477	4 457	13.84	739.51
江西	735	1 030	17.82	2 244.96	2 400	2 907	13.68	2 451.66
山东	593	990	11.22	1 063.91	1 361	1 939	11.63	608.98
河南	1 766	1 885	26.10	1 911.98	1 994	2 114	7.72	511.60
湖北	183	257	4.35	483.19	1 127	1 606	8.85	1 018.14
湖南	1 634	2 684	23.55	1 623.45	8 789	10 889	33.26	1 842.31
广东	337	545	11.61	1 177.88	1 656	2 204	16.35	1 282.57
广西	556	606	7.65	895.21	1 623	2 033	7.34	903.22
海南	239	393	5.90	953.09	484	357	2.14	273.64
重庆	584	590	8.13	466.17	1 120	1 251	5.48	381.21
四川	1 546	1 919	34.35	2 326.84	1 014	1 364	5.74	995.04
贵州	216	374	7.47	440.59	560	671	3.41	223.49
云南	3	4	0.15	11.10	28	50	0.29	27.04
西藏								
陕西	177	230	2.74	262.36	366	622	3.21	224.87
甘肃	48	50	0.50	134.44	81	85	0.38	85.50
青海	40	93	1.40	100.44				
宁夏	29	29	0.44	47.64	158	158	0.79	72.09
新疆	4	4	0.09	14.40	12	113	0.49	72.43

各地区生活污水净化沼气池情况（一）

地区	合计						村级处理系统	
	年初数		本年新增		年末累计		年初数	
	池数（处）	总池容（万立方米）	池数（处）	总池容（万立方米）	池数（处）	总池容（万立方米）	池数（处）	总池容（万立方米）
全国总计	**186 945**	**851.39**	**14 916**	**71.49**	**191 613**	**894.15**	**46 153**	**131.37**
北京								
天津	8	0.06			8	0.06	8	0.06
河北	161	0.98	16	0.16	177	1.14	8	0.13
山西	53	0.10			31	0.07		
内蒙古	5	0.23			5	0.23		
辽宁								
吉林	2	0.03			2	0.03	2	0.03
黑龙江								
上海								
江苏	29 974	104.59	397	0.82	30 345	105.35	330	1.76
浙江	61 840	195.31	8 823	27.60	64 644	207.52	41 772	102.59
安徽	1 396	3.97	184	0.51	1 443	4.05	54	0.34
福建	1 782	3.28	160	0.46	1 513	3.09	513	1.01
江西	1 821	5.61	110	0.75	1 887	6.21	224	1.05
山东	109	0.59	83	0.97	171	1.51	50	0.10
河南	1 258	2.10	103	0.94	815	2.99	2	0.03
湖北	1 154	6.09	47	0.41	1 197	6.48	41	0.34
湖南	2 036	9.58	63	0.51	2 043	9.78	482	0.84
广东	3 626	8.91	1 713	1.45	5 339	10.35	518	0.97
广西	605	3.89	66	0.18	657	4.00	42	0.12
海南	7	2.07						
重庆	17 284	112.22	763	9.91	17 736	119.88	599	6.60
四川	61 933	387.32	2 238	25.63	62 954	406.45	1 321	13.85
贵州	1 557	1.12	61	0.43	251	1.55	43	0.20
云南	178	1.98	22	0.33	197	2.07	105	1.16
西藏								
陕西	119	1.09	45	0.22	139	0.87	36	0.18
甘肃	37	0.26	15	0.15	52	0.41	3	0.01
青海								
宁夏			7	0.06	7	0.06		
新疆								

注：年末累计减年初数减本年新增为本年报废。

各地区生活污水净化沼气池情况（二）

地区	村级处理系统				学校			
	本年新增		年末累计		年初数		本年新增	
	池数（处）	总池容（万立方米）	池数（处）	总池容（万立方米）	池数（处）	总池容（万立方米）	池数（处）	总池容（万立方米）
全国总计	**11 545**	**50.87**	**57 053**	**178.77**	**6 237**	**43.41**	**1 214**	**8.18**
北京								
天津			8	0.06				
河北	5	0.12	13	0.25	118	0.61	10	0.02
山西					4			
内蒙古					5	0.23		
辽宁								
吉林			2	0.03				
黑龙江								
上海								
江苏	186	0.52	516	2.28	718	3.87	211	0.30
浙江	8 091	26.31	49 473	127.96	387	4.14	36	0.36
安徽	9	0.07	63	0.40	86	0.89	175	0.44
福建	105		495	1.00	57	0.45	55	0.30
江西	39	0.30	263	1.36	332	1.62	68	0.35
山东	1	0.03	31	0.09	48	0.41	82	0.94
河南			2	0.03	1 076	1.79	101	0.92
湖北	5	0.05	46	0.39	582	4.05	37	0.27
湖南	7	0.12	486	0.94	510	2.94	26	0.14
广东	1 709	1.37	2 227	2.34	2	0.03	4	0.08
广西	49	0.13	77	0.19	358	3.44	17	0.05
海南								
重庆	590	9.54	1 183	16.11	559	6.96	19	0.21
四川	690	11.83	1 926	23.78	1 152	10.26	282	2.91
贵州	42	0.26	85	0.45	148	0.92	19	0.17
云南	14	0.04	117	0.96	2		8	0.29
西藏								
陕西			34	0.13	61	0.54	45	0.22
甘肃	3	0.02	6	0.03	32	0.25	12	0.13
青海								
宁夏							7	0.06
新疆								

各地区生活污水净化沼气池情况（三）

地区	学校		其他公共场所					
	年末累计		年初数		本年新增		年末累计	
	池数（处）	总池容（万立方米）	池数（处）	总池容（万立方米）	池数（处）	总池容（万立方米）	池数（处）	总池容（万立方米）
全国总计	**6 927**	**50.96**	**134 555**	**676.61**	**2 157**	**12.44**	**127 633**	**664.42**
北京								
天津								
河北	128	0.63	35	0.24	1	0.02	36	0.26
山西			49	0.10			31	0.07
内蒙古	5	0.23						
辽宁								
吉林								
黑龙江								
上海								
江苏	928	4.18	28 926	98.96			28 901	98.90
浙江	409	4.39	19 681	88.58	696	0.93	14 762	75.17
安徽	250	1.30	1 256	2.75			1 130	2.35
福建	106	0.69	1 212	1.82			912	1.40
江西	391	1.93	1 265	2.94	3	0.09	1 233	2.92
山东	129	1.34	11	0.09			11	0.09
河南	739	2.67	180	0.28	2	0.02	74	0.28
湖北	615	4.31	531	1.69	5	0.08	536	1.78
湖南	527	3.04	1 044	5.80	30	0.25	1 030	5.81
广东	6	0.10	3 106	7.91			3 106	7.91
广西	375	3.48	205	0.33			205	0.33
海南			7	2.07				
重庆	577	7.17	16 126	98.67	154	0.15	15 976	96.60
四川	1 410	12.92	59 460	363.21	1 266	10.89	59 618	369.75
贵州	166	1.09	1 366					
云南	10	0.30	71	0.81			70	0.81
西藏								
陕西	105	0.74	22	0.37				
甘肃	44	0.38	2				2	
青海								
宁夏	7	0.06						
新疆								

各地区省柴节煤灶及节能炕情况

地　　区	省柴节煤灶（万台）			节能炕（万铺）		
	年初数	本年新增	年末累计	年初数	本年新增	年末累计
全国总计	**14 042.04**	**299.25**	**13 406.75**	**2 043.30**	**50.74**	**2 003.99**
北　　京	11.25	0.33	11.06	44.66	0.10	42.89
天　　津	41.38	0.28	39.60			
河　　北	558.12	8.20	534.23	146.57	3.92	145.40
山　　西	43.88	0.92	42.31	30.59	3.98	31.03
内 蒙 古	182.41	0.68	177.31	43.99	0.52	43.25
辽　　宁	509.09	6.71	329.53	509.31	17.82	486.04
吉　　林	265.25	1.29	260.86	291.06	1.33	284.85
黑 龙 江	203.42	7.37	208.60	317.97	7.38	323.15
上　　海						
江　　苏	1 052.09	6.66	915.57			
浙　　江	608.61	5.92	584.48			
安　　徽	835.60	15.09	816.61			
福　　建	194.14	1.20	167.22			
江　　西	517.26	21.60	517.99			
山　　东	1 100.13	18.18	1 082.38	358.16	4.39	355.79
河　　南	1 386.08	70.89	1 285.80			
湖　　北	788.96	24.02	755.32			
湖　　南	818.92	27.52	791.14			
广　　东	738.58	1.93	729.71			
广　　西	744.57	8.35	741.99			
海　　南	87.77	0.35	88.02			
重　　庆	372.22	3.77	370.06			
四　　川	1 153.47	25.87	1 149.93			
贵　　州	372.16	6.77	366.93			
云　　南	594.25	16.41	598.86			
西　　藏						
陕　　西	212.79	8.04	209.86	76.83	1.40	71.25
甘　　肃	375.42	8.01	354.67	200.12	5.55	193.70
青　　海	81.50		81.50	0.00	3.18	3.18
宁　　夏	47.40	2.46	49.46	19.75	1.18	20.46
新　　疆	145.31	0.44	145.75	4.27		3.01

注：年末累计减年初数减本年新增为本年报废。

各地区节能炉及燃池情况

地区	节能炉（万台）			燃池（万个）		
	年初数	本年新增	年末累计	年初数	本年新增	年末累计
全国总计	**3 268.42**	**186.97**	**3 261.49**	**17.50**	**1.99**	**19.19**
北京	6.00		5.68			
天津	42.76	0.25	41.55			
河北	656.09	16.79	624.25	4.30	1.00	5.04
山西	73.67	0.72	69.05			
内蒙古	10.19	3.38	13.19	0.22	0.01	0.23
辽宁	0.08	0.17	0.25	1.31	0.56	1.86
吉林	109.83	1.20	107.70			
黑龙江	63.11	6.22	68.86	11.67	0.42	12.06
上海						
江苏	58.76	2.70	52.61			
浙江	11.89	0.31	6.50			
安徽	129.96	4.54	124.46			
福建						
江西	109.49	6.59	107.97			
山东	664.60	12.02	652.71			
河南	153.25	76.83	221.48			
湖北	130.35	9.79	133.21			
湖南	373.43	19.07	368.86			
广东	0.06		0.06			
广西	2.39	0.13	2.42			
海南						
重庆	78.66	0.75	75.28			
四川	257.81	2.46	249.02			
贵州	83.23	11.85	91.83			
云南	4.66		4.66			
西藏						
陕西	93.94	1.67	82.41			
甘肃	149.59	6.57	149.90			
青海	1.13	2.51	3.64			
宁夏	1.79	0.24	2.02			
新疆	1.70	0.23	1.93			

注：年末累计减年初数减本年新增为本年报废。

各地区太阳能利用情况（一）

地　　区	太阳热水器（万平方米）			太阳灶（台）		
	年初数	本年新增	年末累计	年初数	本年新增	年末累计
全国总计	**4 997**	**600**	**5 498**	**1 484 271**	**254 182**	**1 617 233**
北　　京	66	2	66	2 318		1 768
天　　津	33	1	33			
河　　北	514	33	536	6 805	965	7 001
山　　西	407		402	3 632	2 950	5 882
内 蒙 古	37	9	46	30 035	11 513	40 354
辽　　宁	117	17	110	952	650	1 240
吉　　林	31	8	39	630	388	987
黑 龙 江	48	11	59	401	104	505
上　　海						
江　　苏	527	70	589	15		
浙　　江	409	52	457			
安　　徽	373	62	422			
福　　建	36	2	37			
江　　西	81	21	102			
山　　东	797	96	883	15 434	937	16 052
河　　南	279	67	341	20	200	205
湖　　北	191	39	228			
湖　　南	107	19	124	4		
广　　东	8	7	15	19	3	22
广　　西	36	10	46			
海　　南	393	…	390			
重　　庆	7	4	11			
四　　川	49	21	69	130 087	1 441	131 528
贵　　州	32	7	38			
云　　南	184	9	192	264		264
西　　藏				13 165		13 165
陕　　西	104	18	120	15 363	70 476	85 574
甘　　肃	60	9	67	780 341	54 894	750 635
青　　海	2	…	3	221 019	28 160	230 222
宁　　夏	23	3	26	260 840	79 050	326 451
新　　疆	47	2	49	2 927	2 451	5 378

注：年末累计减年初数减本年新增为本年报废。

各地区太阳能利用情况（二）

地　区	太阳房（万平方米）								
	年初数	本年新增	年末累计	户用太阳房			太阳能校舍		
				年初数	本年新增	年末累计	年初数	本年新增	年末累计
全国总计	**1 734**	**419**	**2 060**	**1 651**	**404**	**1 976**	**72**	**5**	**62**
北　京	31		29	26	3	29	…		…
天　津	1		1	…		…	1		1
河　北	155	3	155	145	3	145	9		9
山　西	…		…	…		…			
内蒙古	133	2	120	133	2	120	…		…
辽　宁	513	45	498	479	31	464	34	2	21
吉　林	281	8	287	277	8	283	4		4
黑龙江	302	61	362	295	61	355	7		7
上　海									
江　苏	6		6	5		5			
浙　江									
安　徽									
福　建									
江　西									
山　东	13	1	14	11	1	11	3	…	3
河　南	2	…	2	1		1	1	…	1
湖　北									
湖　南									
广　东	1	1	1	1				1	1
广　西	…		…				…		…
海　南									
重　庆									
四　川	1	…	1	1	…	1	…		…
贵　州									
云　南									
西　藏									
陕　西	5		4	5		2			
甘　肃	222	7	224	210	6	212	7	…	7
青　海	43	290	330	43	289	329		1	1
宁　夏	15	…	16	9	…	9	7		6
新　疆	9		9	9		9			

各地区秸秆优质化能源利用情况（一）

单位：处、万户

地区	秸秆热解气化集中供气					秸秆沼气集中供气				
	年初数	本年新增	年末累计	运行数量数	供气户数	年初数	本年新增	年末累计	运行数量数	供气户数
全国总计	**888**	**76**	**900**	**600**	**20.96**	**178**	**114**	**273**	**246**	**4.06**
北京	119	13	130	101	3.59	2		2	2	0.01
天津	55		55	37	2.20	2	1	3	3	0.11
河北	34	1	31	17	0.70	6	11	17	7	0.50
山西	96	2	98	97	3.38	4	4	8	8	0.89
内蒙古	2	1	2	2	0.05	1		1	1	0.02
辽宁	297	5	273	87	2.66	1		1		
吉林	15	1	16	11	0.22					
黑龙江	44	3	43	15	0.64	4	2	6	3	0.12
上海										
江苏	121	32	150	148	4.46	10	11	21	18	0.63
浙江	1		1	1	0.05	13	13	26	25	0.14
安徽	11	1	9	8	0.25	3				
福建										
江西						48	44	81	81	0.22
山东	62	8	58	57	1.80	9	5	11	9	0.25
河南	5	2	7	5	0.09	44	13	56	54	0.72
湖北	7	5	10	8	0.71		1	1	1	0.03
湖南										
广东						1	5	5	5	0.18
广西	1		1			3	1	4	4	0.07
海南										
重庆	1									
四川	4		2	2	0.04	1	1	2	2	0.06
贵州						6	1	7	7	0.12
云南	6		6	1	0.08					
西藏										
陕西										
甘肃	5	1	5	2	0.02		1	1		
青海										
宁夏		1	1	1	0.04	20		20	16	0.01
新疆	2		2							

注：年末累计减年初数减本年新增为本年报废。

各地区秸秆优质化能源利用情况（二）

单位：处、吨

地　区	秸秆固化成型				秸秆炭化			
	年初数	本年新增	年末累计	年产量	年初数	本年新增	年末累计	年产量
全国总计	**259**	**260**	**512**	**1 706 637**	**40**	**35**	**69**	**218 642**
北　京	21		21	154 900	1		1	30 000
天　津	1	3	4	20 400	1		1	30
河　北	59	62	119	98 213	3	1	4	11 180
山　西	18	1	19	9 100				
内蒙古		1	1	2 000				
辽　宁	28	29	56	403 510				
吉　林	2	1	3	1 600				
黑龙江	36	51	87	257 650	2		2	
上　海								
江　苏	33	61	93	510 518	2		2	2 500
浙　江	7	4	11	35 660	5	3	8	131 270
安　徽	10	5	13	11 560	4		3	920
福　建								
江　西								
山　东	39	21	60	70 068	3	1	4	5 900
河　南	0	16	16	121 000	0	3	3	28 640
湖　北	2	4	6	9 520	9	12	21	6 822
湖　南					2	14	16	200
广　东								
广　西								
海　南								
重　庆						1	1	1 000
四　川		1	1	658				
贵　州								
云　南	3	0	2	280	4		3	180
西　藏								
陕　西					4			
甘　肃								
青　海								
宁　夏								
新　疆								

各地区小型电源利用情况（一）

单位：台、千瓦

地区	小型光伏发电					
	年初数		本年新增		年末累计	
	数量	装机容量	数量	装机容量	数量	装机容量
全国总计	**250 599**	**8 200**	**17 944**	**3 369**	**246 297**	**11 411**
北京	159 226	5 746	6 750	338	165 976	6 084
天津						
河北	10 694	708	1 254	60	11 948	768
山西						
内蒙古	22 116	255	678	237	2 603	385
辽宁	106	8	7 009	729	7 115	736
吉林	43	2				
黑龙江	878	25	2	5	880	30
上海						
江苏			401	73	401	73
浙江	164	72	176	59	316	132
安徽	62	36	45	57	98	82
福建						
江西	3	60			3	60
山东	461	21			461	21
河南	118	3		6	118	9
湖北	24	1				
湖南	69	49	1 248	667	1 317	717
广东	4	10	2	183	3	186
广西						
海南	32	53	5	8	37	61
重庆						
四川	819	15				
贵州						
云南	237	119			154	114
西藏						
陕西						
甘肃	7 683	239	64	16	6 734	244
青海	45 503	725			45 466	725
宁夏	3	2	310	930	313	932
新疆	2 354	51			2 354	51

注：年末累计减年初数减本年新增为本年报废。

各地区小型电源利用情况（二）

单位：台、千瓦

地区	小型风力发电					
	年初数		本年新增		年末累计	
	数量	装机容量	数量	装机容量	数量	装机容量
全国总计	**111 436**	**32 061**	**2 758**	**2 383**	**111 472**	**33 899**
北　京	10	10			10	10
天　津						
河　北	273	74			269	74
山　西	4	8			3	6
内蒙古	86 624	22 406	1 288	1 574	85 857	23 831
辽　宁	88	267	12	52	43	191
吉　林	293	32			293	32
黑龙江	1 972	942	89	22	2 033	944
上　海						
江　苏	4 213	2 441	108	19	4 074	2 437
浙　江	72	36	44	409	116	445
安　徽	833	164	8	1	831	165
福　建	383	546			383	546
江　西	28	25			28	25
山　东	2 513	862	1 132	253	3 439	1 023
河　南	100	15			98	13
湖　北	1 440	270			1 440	270
湖　南	14	2			14	2
广　东	50	99			50	99
广　西	1 161	232	10	3	1 116	115
海　南	50	60	11	13	61	73
重　庆						
四　川						
贵　州	63	7			49	6
云　南	110	87			110	87
西　藏						
陕　西	80	9			80	9
甘　肃	1 766	518	46	19	1 786	534
青　海	1 308	131			1 308	131
宁　夏	2 105	252	10	20	2 098	267
新　疆	5 883	2 567			5 883	2 567

各地区小型电源利用情况（三）

单位：台、千瓦

地区	微型水力发电					
	年初数		本年新增		年末累计	
	数量	装机容量	数量	装机容量	数量	装机容量
全国总计	**47 225**	**137 365**	**628**	**5 739**	**42 263**	**120 557**
北京						
天津						
河北						
山西	4	28			3	18
内蒙古						
辽宁						
吉林						
黑龙江						
上海						
江苏	6	2				
浙江	214	260	1	3	215	263
安徽	50	178	2	…	23	69
福建	530	6 894			274	1 989
江西	8 295	15 407	30	98	6 968	12 546
山东	11	67			11	67
河南	67	7 943			21	246
湖北	52	258			47	233
湖南	2 579	5 399	24	570	2 175	5 235
广东	2 667	21 365	197	902	2 739	21 808
广西	17 759	30 330	83	793	15 154	27 682
海南	14	136	4	39	18	175
重庆	90	397	5	43	91	424
四川	2 862	8 337	32	2 873	2 894	11 210
贵州	3 039	6 023			2 596	5 370
云南	8 379	18 022	233	248	8 432	17 920
西藏						
陕西	102	5 887			82	4 717
甘肃	208	1 649	17	170	223	1 803
青海	290	8 780			290	8 780
宁夏						
新疆	7	3			7	3

十、农村经济收益分配

全国农村经济收益分配（一）

单位：万元

项　　目	金　额	占总体（%）	比上年增减（%）
农村经济总收入	**3 148 756 616**	**100.0**	**12.0**
出售产品收入	1 876 907 846	59.6	14.1
按经营形式划分			
乡（镇）办企业收入	774 251 911	24.6	9.9
村组集体经营收入	198 858 424	6.3	8.3
村办企业收入	121 385 679	3.9	7.6
农民家庭经营收入	1 493 609 843	47.4	11.3
农民专业合作社经营收入	24 261 842	0.8	31.7
其他经营方式收入	657 774 595	20.9	16.7
按行业划分			
农业收入	302 838 089	9.6	12.5
种植业收入	278 741 186	8.9	12.7
出售种植产品收入	168 354 832	5.3	13.8
其他农业收入	24 096 903	0.8	10.8
林业收入	21 981 380	0.7	16.4
出售林业产品收入	14 069 916	0.4	17.6
牧业收入	136 959 704	4.3	9.5
出售牧业产品收入	95 415 188	3.0	8.9
渔业收入	37 231 448	1.2	10.0
出售渔业产品收入	28 401 208	0.9	10.9
工业收入	1 896 834 534	60.2	12.0
建筑业收入	175 081 269	5.6	5.6

全国农村经济收益分配（二）

单位：万元

项　　目	金　额	占总体（%）	比上年增减（%）
运输业收入	110 307 206	3. 5	12. 5
商饮业收入	261 087 041	8. 3	11. 5
服务业收入	112 380 514	3. 6	24. 6
其他收入	94 055 431	3	13. 2
总费用	**2 539 118 219**	**80. 6**	**11. 4**
生产费	2 018 040 178	64. 1	11. 8
管理费用	238 901 680	7. 6	12. 9
净收入	**609 638 398**	**19. 4**	**14. 3**
投资收益	**5 656 786**		**14. 5**
农民外出劳务收入	**139 404 244**		**19. 6**
可分配净收入总额	**754 699 427**	**100. 0**	**15. 3**
国家税金	71 630 903	9. 5	12. 1
上交国家有关部门	8 299 306	1. 1	17. 2
外来投资分利	15 273 120	2. 0	18. 7
外来人员带走劳务收入	42 432 326	5. 6	20. 2
企业各项留利	71 216 712	9. 4	4. 2
乡村集体所得	11 851 014	1. 6	8. 4
农民经营所得	533 996 047	70. 8	17. 0
农民从集体再分配收入	**12 725 838**		**8. 1**
农民所得总额	**546 721 885**		**16. 4**
农民人均所得（元）	5 809		15. 0
从集体外获转移性收入	**18 496 648**		**－14. 9**

各地区农村经济收益分配（一）

单位：万元

地　区	农村经济总收入	出售产品收入	按经营形式划分 乡（镇）办企业	村组集体经营	村办企业
全国总计	**3 148 756 616**	**1 876 907 846**	**774 251 911**	**198 858 424**	**121 385 679**
北　京	43 094 582	17 252 369	9 006 262	4 631 639	3 363 269
天　津	40 835 315	19 507 524	3 459 613	3 911 341	2 566 920
河　北	175 765 415	89 375 262	18 691 761	7 890 293	2 119 177
山　西	48 721 780	19 815 758	6 888 032	3 766 146	1 825 396
内蒙古	13 780 941	7 647 846	212 582	164 417	20 228
辽　宁	119 446 301	47 082 965	16 844 521	7 600 866	4 883 176
吉　林	21 129 064	14 117 039	2 645 552	502 793	190 981
黑龙江	28 737 195	15 130 732	4 026 902	1 350 436	347 326
上　海	148 731 191	82 394 115	40 914 823	9 777 723	8 012 498
江　苏	673 465 317	485 585 289	258 738 402	64 176 476	46 210 079
浙　江	554 852 376	413 824 905	139 079 963	9 301 699	5 971 312
安　徽	58 733 598	33 580 779	9 231 629	1 847 054	841 902
福　建	76 521 306	39 970 974	10 302 216	3 178 922	625 299
江　西	26 505 974	12 188 581	3 308 131	1 318 259	455 172
山　东	352 235 858	179 034 442	88 084 475	37 442 342	23 106 910
河　南	114 748 727	56 920 034	5 797 697	5 098 770	1 179 941
湖　北	61 930 510	29 379 856	12 667 057	3 053 001	1 075 394
湖　南	57 113 952	25 343 979	12 608 080	2 493 754	977 696
广　东	247 655 995	159 180 738	81 834 979	15 558 380	9 131 592
广　西	35 728 293	19 713 435	4 757 228	353 342	110 817
海　南	4 266 673	2 223 548	195 050	29 867	1 548
重　庆	48 875 341	24 721 119	18 311 017	2 547 969	981 170
四　川	69 310 873	30 770 262	12 388 385	1 712 471	350 761
贵　州	19 400 673	6 240 369	2 168 458	568 159	107 329
云　南	42 695 037	17 627 424	5 655 813	6 464 269	4 182 998
西　藏					
陕　西	32 500 883	11 148 404	3 409 665	3 418 417	2 414 541
甘　肃	12 161 268	5 233 457	1 336 076	399 323	213 571
青　海	1 988 808	847 159	6 435	23 795	13 849
宁　夏	4 696 899	2 363 864	432 584	176 216	98 327
新　疆	13 126 473	8 685 618	1 248 527	100 288	6 501

各地区农村经济收益分配（二）

单位：万元

地区	按经营形式划分			按行业划分		
	农民家庭经营	农民专业合作社经营	其他经营方式	农业	种植业	出售产品
全国总计	**1 493 609 843**	**24 261 842**	**657 774 595**	**302 838 089**	**278 741 186**	**168 354 832**
北京	28 615 438	376 125	465 118	1 009 830	1 009 830	565 505
天津	24 821 099	146 484	8 496 778	1 762 103	1 592 263	962 204
河北	120 469 599	1 812 544	26 901 218	23 497 071	21 597 913	11 765 082
山西	31 828 529	387 946	5 851 127	5 908 767	5 591 766	2 983 399
内蒙古	12 604 038	181 865	618 039	5 851 339	5 668 766	3 905 206
辽宁	75 011 559	781 750	19 207 605	11 655 864	10 640 151	6 716 285
吉林	17 049 455	286 812	644 452	7 944 289	7 514 706	5 611 980
黑龙江	21 274 288	207 165	1 878 404	11 293 811	10 907 566	7 980 124
上海	4 154 421	176 763	93 707 462	866 100	803 649	526 773
江苏	213 588 942	4 166 767	132 794 730	16 749 710	15 577 978	10 441 514
浙江	248 866 078	3 020 664	154 583 971	9 652 728	8 787 956	5 957 581
安徽	37 888 177	1 135 960	8 630 778	14 865 735	13 495 791	8 682 209
福建	41 812 775	352 929	20 874 465	6 900 872	5 952 217	3 645 784
江西	18 292 011	533 401	3 054 173	7 218 454	6 431 078	3 571 232
山东	178 698 844	2 557 659	45 452 540	43 122 006	39 866 265	24 955 126
河南	88 933 652	1 479 899	13 438 709	24 954 145	23 100 006	12 644 969
湖北	37 502 422	1 315 418	7 392 612	14 992 096	13 664 809	8 356 786
湖南	33 502 109	1 301 751	7 208 258	12 111 920	10 546 403	5 582 080
广东	71 375 579	844 367	78 042 689	14 091 847	12 502 161	8 005 941
广西	26 963 964	427 930	3 225 830	10 641 958	9 857 896	6 451 242
海南	3 748 083	88 511	205 163	1 536 943	1 392 096	866 391
重庆	16 359 069	432 736	11 224 550	5 351 268	4 944 940	2 411 712
四川	48 308 103	1 037 327	5 864 587	15 883 364	14 690 678	7 056 894
贵州	14 519 234	121 425	2 023 396	5 848 252	5 301 735	2 478 494
云南	28 208 714	137 390	2 178 851	8 072 580	7 648 438	4 634 697
西藏						
陕西	22 724 776	496 698	2 451 328	8 720 628	7 949 020	4 294 928
甘肃	9 370 224	233 079	822 566	4 500 416	4 169 245	2 287 481
青海	1 806 661	40 987	110 931	598 614	525 463	239 955
宁夏	3 869 166	47 839	171 094	1 174 613	1 108 910	704 159
新疆	11 442 836	81 652	253 171	6 060 767	5 901 493	4 069 104

各地区农村经济收益分配（三）

单位：万元

地区	按行业划分				
	农业	林业		牧业	
	其他农业		出售产品		出售产品
全国总计	**24 096 903**	**21 981 380**	**14 069 916**	**136 959 704**	**95 415 188**
北京		161 811	141 773	1 056 563	1 003 735
天津	169 840	111 536	69 872	810 924	621 084
河北	1 899 159	1 072 946	574 728	6 520 155	3 805 261
山西	317 001	355 764	184 849	2 481 058	1 476 800
内蒙古	182 572	200 531	89 556	3 135 416	2 238 766
辽宁	1 015 713	495 388	244 885	5 990 493	3 812 780
吉林	429 583	199 682	127 753	3 555 527	2 472 873
黑龙江	386 246	125 351	69 998	4 321 355	3 028 903
上海	62 451	89 560	68 587	277 710	231 764
江苏	1 171 732	1 355 560	990 699	9 617 974	7 785 730
浙江	864 772	1 356 803	1 084 474	4 623 669	4 013 211
安徽	1 369 944	1 097 230	768 345	4 610 856	3 408 076
福建	948 655	796 561	544 813	2 808 650	2 096 521
江西	787 376	637 389	380 471	2 195 510	1 476 954
山东	3 255 742	2 888 672	1 682 943	17 718 103	12 250 782
河南	1 854 139	1 901 419	1 054 462	9 013 110	5 993 578
湖北	1 327 287	736 402	420 015	5 437 877	3 466 714
湖南	1 565 517	1 173 985	702 253	5 547 564	3 661 450
广东	1 589 687	1 125 702	762 112	6 278 011	4 639 152
广西	784 063	1 300 492	962 747	5 434 867	4 381 477
海南	144 847	291 103	224 600	458 990	345 827
重庆	406 328	377 108	226 307	4 407 755	2 941 924
四川	1 192 686	1 141 763	733 134	13 861 377	9 495 799
贵州	546 517	362 975	210 954	3 489 566	2 209 219
云南	424 143	952 564	698 194	4 945 818	3 132 387
西藏					
陕西	771 608	500 071	264 655	2 620 940	1 595 551
甘肃	331 172	247 459	125 302	1 399 786	893 696
青海	73 150	12 078	5 296	711 403	446 370
宁夏	65 704	77 072	57 665	668 390	450 420
新疆	159 273	836 405	598 476	2 960 290	2 038 386

各地区农村经济收益分配（四）

单位：万元

地 区	按行业划分				
	渔 业	出售产品	工 业	建筑业	运输业
全国总计	**37 231 448**	**28 401 208**	**1 896 834 534**	**175 081 269**	**110 307 206**
北 京	94 187	92 304	14 617 402	4 679 649	2 283 170
天 津	359 843	283 602	25 101 095	2 212 623	3 192 343
河 北	635 813	453 365	101 040 810	8 976 918	10 376 030
山 西	9 331	4 760	24 208 815	2 766 806	5 247 266
内蒙古	12 578	6 907	1 200 284	892 537	944 842
辽 宁	2 646 825	1 628 366	66 421 303	7 646 828	6 842 126
吉 林	90 937	62 130	4 124 513	1 277 210	1 285 619
黑龙江	132 476	99 403	7 029 706	1 373 517	1 259 553
上 海	294 261	228 968	72 746 410	7 257 052	1 773 409
江 苏	5 560 231	4 500 275	512 893 269	27 701 136	12 798 641
浙 江	3 379 028	3 052 239	449 758 991	21 987 696	7 132 321
安 徽	1 177 085	915 198	21 527 359	5 197 862	3 191 765
福 建	2 970 364	2 188 392	44 848 119	4 157 084	3 647 259
江 西	588 986	402 449	8 809 195	1 877 036	1 384 353
山 东	6 800 235	4 884 688	198 097 183	27 131 123	15 538 939
河 南	408 988	277 280	52 369 632	7 651 975	5 384 843
湖 北	2 154 870	1 547 233	21 021 128	5 599 440	3 069 587
湖 南	1 136 460	767 484	21 116 229	5 748 809	3 012 016
广 东	5 132 796	4 148 255	166 796 992	9 708 402	5 921 619
广 西	1 281 848	1 072 328	8 758 495	1 855 575	2 058 793
海 南	650 803	533 023	398 236	168 394	216 214
重 庆	357 760	254 591	24 121 872	4 812 647	1 655 309
四 川	916 080	681 841	20 491 183	5 171 040	3 532 143
贵 州	115 085	69 550	4 227 658	1 153 448	1 335 387
云 南	223 331	166 337	11 643 837	3 318 447	2 835 545
西 藏					
陕 西	48 738	35 176	8 624 745	2 709 930	2 422 487
甘 肃	6 362	5 244	2 072 291	1 244 218	953 394
青 海	1 125	101	135 038	100 953	117 328
宁 夏	21 455	18 384	1 146 359	440 550	417 205
新 疆	23 568	21 337	1 486 385	262 365	477 703

各地区农村经济收益分配（五）

单位：万元

地区	按行业划分			总费用	
	商饮业	服务业	其他		生产费
全国总计	**261 087 041**	**112 380 514**	**94 055 431**	**2 539 118 219**	**2 018 040 178**
北京	9 069 813	8 065 993	2 056 163	37 989 920	34 581 867
天津	4 314 119	1 474 877	1 495 852	34 705 480	27 267 420
河北	14 596 555	4 166 103	4 883 014	143 499 601	95 553 863
山西	4 106 894	1 804 160	1 832 919	34 273 267	30 657 467
内蒙古	685 523	457 527	400 366	7 591 500	5 689 534
辽宁	10 962 309	2 734 805	4 050 359	98 357 434	69 481 553
吉林	1 332 092	703 361	615 835	13 784 529	11 088 568
黑龙江	1 644 573	767 278	789 575	18 542 896	15 416 690
上海	45 325 213	6 340 032	13 761 445	131 835 751	103 275 222
江苏	44 664 508	29 351 826	12 772 464	583 158 797	469 265 192
浙江	31 073 282	18 057 692	7 830 166	481 609 275	420 624 740
安徽	3 679 002	1 778 028	1 608 676	39 572 204	31 575 291
福建	5 470 952	2 142 178	2 779 268	56 228 711	43 681 003
江西	1 772 846	761 604	1 260 601	15 455 068	10 970 664
山东	22 437 468	10 282 721	8 219 408	285 704 058	224 341 235
河南	7 034 431	2 839 573	3 190 611	77 770 698	53 937 703
湖北	4 108 588	1 862 837	2 947 688	44 819 876	33 706 687
湖南	3 261 565	1 712 966	2 292 438	38 266 583	29 231 640
广东	18 514 217	8 049 677	12 036 732	201 307 450	155 467 519
广西	2 306 785	1 032 909	1 056 569	21 120 109	17 057 940
海南	234 685	126 809	184 497	2 183 828	1 669 344
重庆	5 544 102	1 238 848	1 008 672	38 519 091	31 609 343
四川	3 830 097	2 024 749	2 459 078	45 122 579	35 560 469
贵州	1 583 500	581 959	702 842	9 735 003	6 986 012
云南	7 300 408	1 738 843	1 663 664	31 029 944	25 871 895
西藏					
陕西	4 188 301	1 261 508	1 403 535	22 425 986	17 444 472
甘肃	910 895	420 110	406 337	7 410 574	5 903 249
青海	122 117	53 037	137 117	848 604	666 905
宁夏	470 674	196 466	84 116	3 349 614	2 597 325
新疆	541 526	352 040	125 425	7 899 789	6 859 368

各地区农村经济收益分配（六）

单位：万元

地区	总费用 管理费	净收入	投资收益	农民外出劳务收入	可分配净收入总额
全国总计	**238 901 680**	**609 638 398**	**5 656 786**	**139 404 244**	**754 699 427**
北京	1 773 337	5 104 662	96 985	436 326	5 637 972
天津	3 385 506	6 129 835	12 326	439 883	6 582 044
河北	19 749 441	32 265 814	465 205	4 055 366	36 786 385
山西	1 982 511	14 448 513	90 578	2 238 603	16 777 694
内蒙古	1 033 187	6 189 440	22 128	2 061 702	8 273 270
辽宁	9 304 213	21 088 867	61 901	3 663 802	24 814 569
吉林	1 410 664	7 344 535	13 498	2 147 182	9 505 214
黑龙江	1 797 802	10 194 299	10 165	3 159 901	13 364 366
上海	13 536 161	16 895 440	304 676	948 757	18 148 873
江苏	52 037 967	90 306 520	338 372	12 342 441	102 987 333
浙江	31 824 726	73 243 101	554 101	6 409 639	80 206 841
安徽	4 739 246	19 161 394	162 508	10 509 463	29 833 365
福建	6 490 980	20 292 596	628 084	4 689 578	25 610 257
江西	1 574 194	11 050 906	228 249	5 369 126	16 648 281
山东	25 506 073	66 531 801	383 411	10 759 248	77 674 459
河南	7 398 344	36 978 029	566 281	11 973 678	49 517 989
湖北	6 209 066	17 110 634	115 769	6 699 409	23 925 812
湖南	4 515 132	18 847 368	340 495	7 380 521	26 568 384
广东	27 489 990	46 348 545	580 211	7 163 098	54 091 854
广西	1 724 509	14 608 184	56 769	5 028 013	19 692 966
海南	260 221	2 082 845	18 171	605 028	2 706 044
重庆	4 134 324	10 356 250	15 891	5 940 556	16 312 697
四川	3 570 889	24 188 294	114 988	13 109 616	37 412 898
贵州	1 464 322	9 665 670	206 227	2 502 817	12 374 714
云南	2 440 929	11 665 093	20 990	1 830 937	13 517 020
西藏					
陕西	2 016 276	10 074 897	171 686	4 246 028	14 492 612
甘肃	639 334	4 750 694	63 223	1 929 997	6 743 913
青海	120 028	1 140 205	7 421	468 865	1 616 491
宁夏	351 799	1 347 284	5 568	590 912	1 943 765
新疆	420 510	5 226 685	909	703 754	5 931 347

各地区农村经济收益分配（七）

单位：万元

地区	可分配净收入总额				
	国家税金	上交国家有关部门	外来投资分利	外来人员带走劳务收入	企业各项留利
全国总计	**71 630 903**	**8 299 306**	**15 273 120**	**42 432 326**	**71 216 712**
北京	1 429 014	20 585	118 607	173 496	413 331
天津	1 046 846	20 847	64 217	279 265	450 587
河北	2 797 926	308 136	595 363	945 438	3 329 181
山西	1 806 926	265 521	136 244	690 695	1 926 651
内蒙古	175 721	13 170	12 685	63 868	44 125
辽宁	2 063 330	308 529	314 019	767 512	1 753 899
吉林	157 131	20 741	34 897	76 149	172 841
黑龙江	201 425	32 543	83 368	157 741	261 746
上海	5 414 610	137 470	559 511	3 469 295	4 936 908
江苏	19 361 556	3 238 025	3 113 939	8 398 985	17 867 624
浙江	15 195 008	1 011 397	3 421 059	10 797 312	13 899 694
安徽	932 119	155 637	417 402	533 121	923 823
福建	1 696 201	252 355	861 138	2 069 683	2 016 402
江西	497 001	77 724	257 647	252 364	241 323
山东	5 850 453	824 183	1 033 250	3 474 655	9 777 710
河南	1 578 002	291 676	737 174	882 682	3 227 074
湖北	716 355	132 104	409 225	655 382	682 989
湖南	824 750	184 927	441 117	615 782	708 534
广东	5 813 600	446 199	1 497 940	4 880 908	5 102 295
广西	451 530	63 008	153 463	204 170	344 987
海南	25 528	5 204	18 591	60 090	16 863
重庆	1 001 531	74 616	175 568	615 613	999 293
四川	1 051 212	136 587	200 143	674 411	628 948
贵州	220 759	90 489	232 112	428 584	203 097
云南	667 193	32 070	75 442	410 206	330 310
西藏					
陕西	458 099	104 786	229 403	400 535	746 433
甘肃	70 863	24 846	40 707	176 215	114 011
青海	5 048	658	12 044	14 264	6 592
宁夏	47 928	6 017	7 139	44 881	34 139
新疆	73 240	19 256	19 705	219 025	55 303

各地区农村经济收益分配（八）

单位：万元

地区	可分配净收入总额		农民从集体再分配收入	农民所得总额	农民人均所得（元）	从集体外获转移性收入
	乡村集体所得	农民经营所得				
全国总计	**11 851 014**	**538 996 047**	**12 725 838**	**546 721 885**	**5 809**	**18 496 648**
北　京	51 720	3 431 220	155 707	3 802 933	11 944	169 202
天　津	120 667	4 599 617	155 725	4 767 614	12 116	198 092
河　北	1 255 943	27 554 398	607 852	28 236 664	5 094	899 972
山　西	143 732	11 807 926	304 571	12 119 318	5 084	718 852
内蒙古	41 727	7 921 974	86 652	8 008 626	5 721	779 912
辽　宁	360 492	19 246 788	332 168	19 596 520	8 892	339 626
吉　林	77 852	8 965 603	84 875	9 050 764	6 229	1 072 954
黑龙江	69 989	12 557 553	127 015	12 686 732	6 702	803 368
上　海	132 163	3 498 916	240 860	3 843 448	11 361	599 330
江　苏	1 337 776	49 669 428	1 657 828	52 036 696	10 358	622 031
浙　江	876 191	35 006 179	887 694	35 893 873	10 477	706 042
安　徽	283 944	26 587 318	620 105	27 207 424	5 140	1 173 913
福　建	136 338	18 578 140	279 290	18 857 430	6 890	492 593
江　西	158 827	15 163 394	423 261	15 676 844	4 670	307 595
山　东	1 453 091	55 261 117	1 136 978	56 398 095	7 838	1 072 580
河　南	452 497	42 348 885	810 898	43 181 040	5 280	1 300 102
湖　北	267 722	21 062 036	414 351	21 476 387	5 341	850 820
湖　南	272 301	23 520 974	637 492	24 288 182	4 482	678 346
广　东	3 563 929	32 786 984	1 906 930	34 868 853	6 142	718 327
广　西	90 265	18 385 544	256 356	18 665 727	4 359	391 693
海　南	25 667	2 554 100	35 586	2 712 701	5 101	66 740
重　庆	66 529	13 379 547	145 461	13 525 008	5 749	553 686
四　川	165 008	34 556 590	462 686	35 019 275	5 157	1 330 241
贵　州	47 952	11 151 721	117 650	11 378 311	3 260	231 453
云　南	83 659	11 918 141	284 308	12 202 452	3 292	1 055 341
西　藏						
陕　西	167 175	12 386 182	318 871	12 726 353	4 579	551 847
甘　肃	73 079	6 244 194	123 310	6 380 843	3 067	357 552
青　海	8 908	1 568 977	12 365	1 582 248	4 171	94 704
宁　夏	12 852	1 790 809	54 074	1 846 893	4 247	142 423
新　疆	53 022	5 491 796	44 921	5 537 047	5 333	217 311

十一、农业自然灾害

各地区农业自然灾害情况（一）

单位：千公顷

地区	总计			旱灾			洪涝灾		
	受灾	成灾	绝收	受灾	成灾	绝收	受灾	成灾	绝收
全国总计	**37 426**	**18 538**	**4 863**	**13 259**	**8 987**	**2 672**	**17 525**	**7 024**	**1 658**
北京	3	2	1				1		
天津	33	7	1						
河北	1 527	833	189	596	432	137	285	49	14
山西	1 396	891	177	728	543	106	209	33	10
内蒙古	2 033	1 290	616	1 434	1 059	511	216	87	35
辽宁	756	567	122	18	13		708	531	115
吉林	896	563	232	349	225	120	373	266	106
黑龙江	1 432	974	100	1 012	776	36	221	125	43
上海									
江苏	648	193	14	70	39	4	528	140	10
浙江	283	61	13	2	1		245	58	13
安徽	1 752	485	106	41			1 277	365	99
福建	605	302	84	5	1		310	175	47
江西	2 075	993	208				1 813	919	188
山东	2 582	1 052	148	586	332	4	1 545	703	143
河南	1 568	585	95	50	25		1 130	445	80
湖北	2 466	897	200	204	98	5	1 999	739	177
湖南	2 841	1 405	272	352	218	48	2 279	1 084	216
广东	724	183	29	120	5		466	90	22
广西	1 665	869	62	1 079	748	42	467	92	16
海南	306	83	49	42	9	5. 4	254	73	43
重庆	575	186	49	176	44	9	321	113	28
四川	2 324	851	178	628	384	48	1 508	423	120
贵州	1 681	1 146	648	1 271	1 025	615	363	111	30
云南	3 215	2 137	909	2 957	2 051	882	168	59	18
西藏	51	22	6	40	21	6	4		
陕西	1 122	536	83	421	272	30	391	172	52
甘肃	1 304	663	108	715	428	64	223	83	16
青海	111	58	9	46	29		22	7	3. 3
宁夏	145	56	17	16			17	14	7
新疆	1 307	649	140	300	209	2	183	71	8

各地区农业自然灾害情况（二）

单位：千公顷

地　区	风雹灾			台风灾			低温冻灾		
	受　灾	成　灾	绝　收	受　灾	成　灾	绝　收	受　灾	成　灾	绝　收
全国总计	**2 180**	**916**	**280**	**342**	**168**	**12**	**4 121**	**1 444**	**241**
北　京							3	2	1
天　津							33	7	1
河　北	236	81	11				411	271	27
山　西	80	67	2				379	248	59
内蒙古	268	89	64				115	56	6
辽　宁	31	23	6						
吉　林	115	72	7				58		
黑龙江	109	58	21				91	15	
上　海									
江　苏	20	5					30	8	
浙　江	4			13			19	2	
安　徽	41	20	7				393	100	
福　建	35	11	1	105	62	6	150	54	30
江　西	120	16	6				143	58	14
山　东	76	9	1				376	8	
河　南	101	73	12				287	42	4
湖　北	33	22	6				229	37	12
湖　南	78	45	8				133	58	1
广　东	1			126	85	5	11	2	1
广　西	18	4		88	19	1	14	7	3
海　南				10	1	1			
重　庆	75	28	12				3	2	
四　川	50	28	8				138	15	3
贵　州	43	10	3				4	1	
云　南	63	24	6				27	4	3
西　藏	6	1					1		
陕　西	13	5					296	87	1
甘　肃	73	63	19				292	89	8
青　海	43	22	6						
宁　夏	58	38	10				54	4	
新　疆	392	103	64				431	267	67

各地区农作物病虫草鼠害发生、防治面积及损失情况（一）

地区	发生面积（千公顷次）	防治面积（千公顷次）	挽回损失（吨）			
			粮食	棉花	油料	其他
全国总计	**486 397**	**558 835**	**94 602 030**	**1 645 460**	**3 359 777**	**77 506 748**
北京	1 393	1 557	183 440		4 905	230 077
天津	1 860	1 859	162 092	25 707	200	609 943
河北	38 460	35 015	3 954 136	349 092	214 558	5 313 624
山西	11 930	10 672	1 624 305	22 175	35 385	1 918 308
内蒙古	11 013	10 025	2 372 601		92 790	982 080
辽宁	12 993	12 456	2 207 543	123	117 353	4 407 496
吉林	11 306	10 182	2 952 500		10 084	262 950
黑龙江	24 112	25 337	6 178 835		2 176	727 559
上海	2 678	3 912	465 302		4 249	721 530
江苏	38 767	61 068	10 055 550	46 500	191 271	3 100 378
浙江	13 756	20 552	2 790 814	6 486	54 230	3 272 130
安徽	25 999	31 783	6 306 551	73 967	259 255	1 486 817
福建	5 236	7 026	1 039 900		31 023	878 292
江西	14 900	22 111	5 047 009	26 550	21 538	5 683 599
山东	45 974	49 425	7 890 831	309 451	459 605	14 263 986
河南	45 591	47 074	7 036 277	120 210	389 619	2 747 163
湖北	21 551	29 899	5 668 217	153 645	366 137	1 237 072
湖南	40 186	50 643	8 511 603	74 759	237 557	3 948 003
广东	24 178	29 817	4 944 409		182 197	7 754 161
广西	18 496	18 645	3 683 565	75	76 399	8 002 737
海南	2 130	2 176	299 831		11 420	729 410
重庆	6 162	5 084	1 035 842		30 064	569 317
四川	17 547	21 412	4 409 193	5 595	290 328	2 552 570
贵州	5 878	5 045	729 857		18 762	158 028
云南	8 554	12 256	1 589 343		59 110	1 374 087
西藏						
陕西	13 957	13 212	1 094 884	8 765	27 001	1 575 327
甘肃	8 572	7 392	880 485	20 571	34 591	644 775
青海	1 110	1 124	107 523		51 170	133 367
宁夏	2 884	2 963	637 373		13 656	868 266
新疆	9 223	9 113	742 221	401 789	73 145	1 353 699

各地区农作物病虫草鼠害发生、防治面积及损失情况（二）

地　区	实际损失（吨）			
	粮　食	棉　花	油　料	其　他
全国总计	**21 572 495**	**384 743**	**963 492**	**15 332 403**
北　京	26 210		535	34 746
天　津	46 309	7 192	87	170 786
河　北	1 575 343	93 043	73 331	1 065 943
山　西	378 649	9 616	4 096	377 585
内 蒙 古	889 856		44 970	241 545
辽　宁	1 136 107	51	24 312	981 182
吉　林	1 348 915		2 333	29 830
黑 龙 江	1 682 171		1 506	165 330
上　海	28 712		1 643	227 613
江　苏	1 058 801	6 824	44 282	477 665
浙　江	214 893	887	7 131	464 447
安　徽	1 420 760	17 754	83 495	418 087
福　建	249 822		14 260	205 259
江　西	506 733	7 065	7 320	1 017 034
山　东	1 854 931	46 913	120 597	2 832 641
河　南	2 130 133	34 128	168 861	777 028
湖　北	1 395 898	42 421	88 719	272 790
湖　南	837 011	15 080	40 634	551 835
广　东	778 245		41 795	1 303 820
广　西	508 162	30	11 887	1 178 694
海　南	150 718		2 362	358 045
重　庆	312 295		13 729	165 203
四　川	636 456	599	44 759	376 021
贵　州	361 580		15 067	85 427
云　南	359 679		34 374	427 631
西　藏				
陕　西	563 749	4 601	12 350	423 251
甘　肃	407 565	3 179	12 334	174 458
青　海	68 366		21 439	51 481
宁　夏	219 270		8 617	140 092
新　疆	425 155	95 361	16 668	336 934

各地区农作物病虫害发生、防治面积及损失情况（一）

地　　区	发生面积（千公顷次）	防治面积（千公顷次）	挽回损失（吨）			
			粮　食	棉　花	油　料	其　他
全国总计	**367 369**	**444 920**	**68 554 182**	**1 356 901**	**2 269 105**	**68 103 500**
北　京	992	1 161	82 802		4 165	225 127
天　津	1 273	1 338	64 569	21 494	181	592 623
河　北	29 444	27 478	2 795 323	304 639	157 823	4 900 238
山　西	9 282	8 590	1 237 162	21 537	32 066	1 859 905
内蒙古	5 671	5 473	1 207 364		40 793	862 403
辽　宁	10 388	9 468	1 654 707	123	82 829	4 254 214
吉　林	5 876	5 510	1 171 408		5 694	215 669
黑龙江	14 579	15 528	2 220 985		1 851	522 218
上　海	2 413	3 536	358 814		1 111	721 251
江　苏	32 309	53 871	7 627 867	40 321	117 821	2 897 039
浙　江	11 606	17 922	2 312 581	5 734	29 835	2 890 891
安　徽	19 611	25 055	4 371 068	51 076	97 874	1 086 420
福　建	4 025	5 721	853 578		22 554	717 731
江　西	11 473	19 444	4 862 702	24 725	12 878	5 601 658
山　东	35 879	39 881	5 997 456	270 276	400 965	12 076 345
河　南	37 708	39 825	5 124 452	105 471	322 176	2 574 407
湖　北	16 936	25 076	4 833 487	125 970	221 111	995 288
湖　南	32 513	42 994	7 278 773	63 635	165 902	3 631 184
广　东	18 954	23 868	3 744 946		132 859	6 833 808
广　西	12 921	13 743	2 459 606	75	44 714	5 904 766
海　南	1 542	1 593	160 544		5 731	628 188
重　庆	4 158	3 674	782 679		20 212	514 553
四　川	11 299	15 866	3 272 431	3 507	158 319	2 243 220
贵　州	4 608	4 051	573 511		12 009	153 633
云　南	5 583	8 768	1 128 062		47 251	1 167 034
西　藏						
陕　西	11 236	10 849	810 885	7 799	19 603	1 416 745
甘　肃	5 989	5 326	646 237	14 688	28 978	555 803
青　海	643	675	50 467		35 779	124 407
宁　夏	2 211	2 360	453 055		9 257	784 061
新　疆	6 248	6 277	416 665	295 832	36 766	1 152 671

各地区农作物病虫害发生、防治面积及损失情况（二）

地　区	实际损失（吨）			
	粮　食	棉　花	油　料	其　他
全国总计	**16 211 916**	**340 514**	**778 644**	**13 619 028**
北　京	16 135		490	34 415
天　津	28 953	6 505	81	166 913
河　北	873 482	87 494	66 931	977 772
山　西	307 987	9 509	2 689	358 327
内蒙古	558 571		36 232	221 686
辽　宁	1 035 402	51	20 246	939 513
吉　林	836 505		1 912	25 283
黑龙江	1 069 624		1 455	131 693
上　海	21 509		1 335	227 611
江　苏	861 387	6 273	34 128	457 835
浙　江	177 006	820	4 916	437 057
安　徽	1 000 584	13 343	49 354	353 267
福　建	212 905		12 922	178 719
江　西	401 647	6 333	2 662	981 503
山　东	1 484 436	37 726	111 107	2 289 964
河　南	1 872 376	31 851	154 434	682 687
湖　北	1 281 102	36 435	63 789	247 681
湖　南	733 197	13 020	30 327	504 901
广　东	563 465		33 347	1 194 264
广　西	321 370	30	8 343	928 604
海　南	115 236		1 583	338 921
重　庆	182 445		8 735	136 503
四　川	402 835	497	27 562	335 327
贵　州	308 284		13 203	83 608
云　南	254 202		32 529	377 127
西　藏				
陕　西	423 136	4 328	10 556	398 304
甘　肃	306 260	2 597	10 847	155 369
青　海	33 995		16 157	48 652
宁　夏	184 509		6 470	134 294
新　疆	343 375	83 703	14 305	271 227

各地区农田草害发生、防治面积及损失情况（一）

地　区	发生面积（千公顷次）	防治面积（千公顷次）	挽回损失（吨）			
			粮　食	棉　花	油　料	其　他
全国总计	**91 344**	**94 123**	**21 625 055**	**288 558**	**1 090 672**	**9 403 247**
北　京	218	188	70 334		740	4 950
天　津	353	367	63 524	4 214	19	17 320
河　北	7 222	6 627	985 004	44 452	56 736	413 386
山　西	1 886	1 501	263 973	638	3 319	58 403
内蒙古	4 204	3 963	1 084 660		51 997	119 677
辽　宁	1 703	2 268	427 561		34 524	153 282
吉　林	3 380	3 945	1 575 981		4 391	47 281
黑龙江	6 532	8 435	3 784 177		325	205 341
上　海	170	310	100 996		3 138	278
江　苏	5 680	6 566	2 344 999	6 179	73 450	203 339
浙　江	1 688	2 123	405 218	752	24 395	381 239
安　徽	5 592	6 134	1 852 227	22 890	161 380	400 397
福　建	906	1 031	117 470		8 469	160 561
江　西	2 326	2 066	28 847	1 825	8 660	81 942
山　东	8 867	8 492	1 699 182	39 175	58 639	2 187 641
河　南	6 813	5 580	1 862 347	14 739	67 442	172 755
湖　北	3 906	4 316	770 309	27 675	145 026	241 784
湖　南	5 976	5 888	869 059	11 125	71 656	316 819
广　东	3 523	4 092	631 027		49 338	920 353
广　西	4 194	3 734	542 033		31 685	2 097 971
海　南	408	428	95 788		5 689	101 221
重　庆	1 208	930	131 595		9 851	54 764
四　川	4 140	4 090	648 526	2 088	132 009	309 350
贵　州	733	580	43 926		6 753	4 395
云　南	2 296	2 594	330 507		11 859	207 053
西　藏						
陕　西	2 087	1 808	221 544	966	7 398	158 582
甘　肃	1 889	1 601	168 524	5 883	5 613	88 971
青　海	301	313	39 051		15 392	8 960
宁　夏	587	560	168 568		4 400	84 204
新　疆	2 555	2 594	298 097	105 957	36 379	201 028

各地区农田草害发生、防治面积及损失情况（二）

地　区	实际损失（吨）			
	粮　食	棉　花	油　料	其　他
全国总计	**3 540 448**	**44 230**	**184 849**	**1 713 375**
北　京	4 994		45	331
天　津	7 756	687	6	3 872
河　北	663 318	5 549	6 400	88 172
山　西	43 758	107	1 407	19 258
内 蒙 古	215 332		8 739	19 859
辽　宁	53 849		4 066	41 669
吉　林	219 713		421	4 547
黑 龙 江	411 838		51	33 637
上　海	5 956		308	2
江　苏	164 192	551	10 154	19 830
浙　江	26 227	67	2 216	27 390
安　徽	356 368	4 411	34 141	64 820
福　建	14 475		1 338	26 540
江　西	2 737	732	4 659	35 531
山　东	299 105	9 187	9 490	542 677
河　南	228 780	2 277	14 427	94 341
湖　北	85 057	5 986	24 930	25 109
湖　南	73 077	2 061	10 307	46 934
广　东	82 850		8 448	109 556
广　西	50 616		3 544	250 090
海　南	16 100		779	19 124
重　庆	45 515		4 994	28 700
四　川	148 125	102	17 198	40 694
贵　州	13 904		1 863	1 820
云　南	78 856		1 845	50 504
西　藏				
陕　西	76 167	274	1 794	24 948
甘　肃	53 718	582	1 487	19 088
青　海	14 784		5 282	2 829
宁　夏	29 930		2 147	5 797
新　疆	53 352	11 658	2 363	65 707

各地区农田鼠害发生、防治面积及损失情况

地区	发生面积（千公顷次）	防治面积（千公顷次）	挽回损失（吨）	实际损失（吨）
全国总计	**26 157**	**18 585**	**4 070 372**	**1 770 023**
北京	183	207	30 305	5 080
天津	173	107	34 000	9 600
河北	1 458	712	114 214	31 285
山西	722	542	104 345	23 303
内蒙古	1 138	589	80 577	115 953
辽宁	890	710	109 274	45 255
吉林	2 031	706	200 611	292 248
黑龙江	3 002	1 373	173 653	200 708
上海	95	66	5 493	1 247
江苏	712	553	71 381	31 879
浙江	461	507	73 014	11 660
安徽	710	505	73 583	61 598
福建	306	274	68 845	22 441
江西	1 100	600	155 460	102 350
山东	792	677	129 761	55 011
河南	893	545	29 654	25 019
湖北	709	507	64 421	29 739
湖南	1 697	1 761	363 770	30 737
广东	1 675	1 840	562 743	131 427
广西	1 358	1 152	563 009	133 861
海南	161	143	35 775	15 561
重庆	796	481	121 568	84 336
四川	2 040	1 402	487 550	85 384
贵州	537	414	112 419	39 392
云南	668	885	130 539	26 557
西藏				
陕西	571	501	53 199	59 459
甘肃	690	463	65 541	47 545
青海	165	137	18 005	19 587
宁夏	86	42	15 647	4 801
新疆	335	182	22 014	27 001